楽しく学ぼう

社会福祉の道しるべ

大澤 史伸

学文社

はしがき

現在，社会のさまざまな分野で大きな変化が生じてきている。このことは，当然，社会福祉の領域においても例外ではない。数多くの社会福祉の政策・制度が展開されてきているが，なかなか効果は上がらず生活不安は増大している。各分野における格差の拡大等がマスコミ等で取り上げられているが，その打開策がみつけられずに，昏迷状態が続いている。

今，私の手元には，1冊の本がある。仲村優一・三浦文夫・阿部志郎編『社会福祉教室』(有斐閣，1977年)である。大学院で初めて「社会福祉学」を学んだ時に，恩師の宇都栄子教授(現・専修大学名誉教授)から紹介された本である。今では，ボロボロになってしまい所々，セロハンテープで補修をしているが，その本のはしがきには，次のように書かれている(p.1)。

近来，社会福祉は流行語の一つとなっているが，社会福祉とは何ぞやということになると解釈は人さまざまで，その内容や課題についての国民の理解は決して十分なものがあるとはいえない。これは社会福祉が，ある時には，「社会の福祉のために」というような一般的・抽象的な言葉として使われ，また他の時には，内実の伴わない虚名の政治スローガンと化してしまうことなどと無関係ではなかろう。

この本は，今から約50年前に書かれた本であるが，今，現在の「社会福祉」を取り巻く状況にも当てはまるのではないかと考えるのは私だけではないだろう。本書でも触れているが，社会福祉とは，もともとは英語の「social welfare」の訳語であった。現在に言い換えるなら社会福祉とは国民各人が「十分な暮らしをしていくための基盤となる社会的サービスや制度の総称」であるということができる。

今日では，「social welfare」という言葉は，「social well-being」を用いることが一般的となった。well-beingとは，「十分な状態，満たされた生活」等を意味する言葉である。welfareよりも一層，生活の質の豊かさを志向している言葉であると考えることができる。さて，現在，わが国の社会福祉は，welfareやwell-beingを目指して，私たち一人ひとりに社会的サービスや制度等を提供しているのであろうか。あるいは，私たちが社会福祉に対してwelfareやwell-beingというものを感じているのだろうか。

国内外の社会を眺めるならば，2011(平成23)年3月11日に発生した東北地方太平洋沖地震(東日本大震災)は，死者・行方不明者が約2万人を超える未曽有の大災害であった。その後に続く東京電力福島第一原子力発電所の事故は，現在でも多くの日本人の生活に大きな影響を与えている。また，新型コロナウイルス感染症(COVID-19)のパンデミックはわが国だけでなく，世界中の人々の生活を一変させることになった。

さらに，2022年2月にはロシアのウクライナ侵攻が始まり，現在(2024年8月現在)まで続いている。当然のことながら，私たちは，自分たちを取り巻く社会や自身の生活のすべてをコントロールすることはできない。想定外のことが起こることもまた現実なのである。

社会の変化に対応しながら，社会福祉もまた新たな展開を模索し，実行していくことは必要である。しかし，社会福祉とは何か？という本質を見失い，改革だけを求めていくときに，それは「改革」ではなく「改悪」となっていくことは想像に難くない。たとえて言うならば「新しいメニューは作ってはみたけれど，誰も注文をしてくれない」というおかしなことになってしまう。私たちは，今一度，「社会福祉とは何か」ということを立ち止まって考える必要があるのではないだろうか。

本書は，将来，社会福祉士，介護福祉士，精神保健福祉士，保育士などの社会福祉専門職を目指している人，あるいは，看護師，保健師，栄養士，公認心理師などの社会福祉関連領域において社会福祉の素養を必要とする専門職を目指している人はもちろんのこと，社会福祉に関心を持つすべての人々を対象に社会福祉に関する基礎的な知識を各分野にわたってわかりやすく説明することを心掛けた。本書を一読し，社会福祉に関する問題を自らのものとして考えていただけるならば，著者としてこれほど嬉しいことはない。

最後に，出版事情が困難な中，このように出版を快諾していただいた学文社の田中千津子社長に心よりお礼申し上げる。

2024 年 8 月 13 日

大澤　史伸

目　次

はしがき …………………………………… iii

第１章　社会福祉とは何か …………………………… 1

第１節　「社会福祉」という言葉　4

1.1　慈善事業　5／1.2　社会事業　6／1.3　社会福祉事業　6

第２節　社会福祉の概念　7

第３節　社会福祉の理念　10

3.1　日本国憲法　10／3.2　世界人権宣言　11／3.3　ノーマライゼーション(ノーマリゼーション)　12／3.4　ソーシャル・インクルージョン(社会的包摂)　12

第４節　社会福祉の理論　13

4.1　孝橋 正一　13／4.2　岡村 重夫　14／4.3　一番ケ瀬 康子　15／4.4　古川 孝順　16

第５節　社会福祉の範囲・対象者　17

5.1　社会福祉の範囲　17／5.2　社会福祉の対象者　20

第６節　社会福祉の主体　23

6.1　政策主体　23／6.2　経営主体　23／6.3　実践主体　24

第２章　社会福祉の歴史(日本編) ………………………… 29

第１節　日本の社会福祉　31

1.1　明治以前の慈善救済　31／1.2　明治から第二次世界大戦までの慈善救済　34／1.3　第二次世界大戦後の社会福祉　41

第2節　福祉政策の現状　48

2.1　社会福祉基礎構造改革とは　49／2.2　社会福祉法とは　53

第3章　社会福祉の歴史(英国編) ………………………… 61

第1節　英国における社会福祉の歴史　61

1.1　荘園とギルド(職業別組合)　61／1.2　キリスト教　61／1.3　エリザベス救貧法(Elizabethan Poor Law)の制定 1601年　62／1.4　近代的慈善事業の発展　63／1.5　新救貧法の制定 1834年　64／1.6　慈善組織協会(COS: Charity Organization Society) 1870年　65／1.7　ソーシャル・セツルメント　66

第2節　米国における社会福祉の歴史　70

2.1　慈善組織協会(COS)の設立　71／2.2　セツルメント運動　71／2.3　ソーシャルワーカーの誕生　72／2.4　ニューディール政策 1933年　73／2.5　社会保障法(Social Security Act)　73

第4章　貧困問題について考える ………………………… 77

第1節　生活保護制度について　79

1.1　目　的　79／1.2　生活保護の原理　80／1.3　生活保護実施の4原則　82／1.4　生活保護の種類　84／1.5　保護施設　87／1.6　生活保護の実施機関　88／1.7　生活保護の手続き　88

第2節　生活保護の動向　89

2.1 被保護人・保護率・年齢階級別被保護人員・扶助の種類別受給人員の状況 89 ／ 2.2 被保護世帯数・世帯人員別世帯数・世帯類型別世帯数・扶助別受給世帯の状況 90 ／ 2.3 保護の開始・廃止とその理由 92

第3節 低所得者に対する法制度 93

3.1 生活困窮者自立支援法 93 ／ 3.2 生活福祉資金貸付制度 96 ／ 3.3 ホームレスの自立支援 99

第4節 貧困問題に関する一考察 101

第5章 児童問題について考える ························· 107

第1節 子ども家庭福祉の理念 107

第2節 児童福祉法 109

2.1 1997(平成9)年改正 111 ／ 2.2 2016(平成28)年改正 112 ／ 2.3 2019(令和元)年の改正 114 ／ 2.4 2022(令和4)年改正 114

第3節 子ども家庭福祉を推進する機関・施設 116

3.1 福祉事務所(市町村および家庭児童福祉相談室) 116 ／ 3.2 児童相談所 117 ／／ 3.3 保健所 119 ／ 3.4 児童委員・主任児童委員 120

第4節 児童福祉施設 122

第5節 要保護児童対策 124

5.1 児童虐待 127 ／ 5.2 非 行 129 ／ 5.3 ひとり親家庭 132

第6節 少子化の進行と次世代育成支援対策 134

第7節 ヤングケアラー 136

第 6 章　社会福祉行財政 ································ 139

第 1 節　社会福祉の行政機関　　140

1.1　国の行政機関　　140／1.2　地方自治体による社会福祉行政　　145

第 2 節　社会福祉の民間組織　　149

2.1　社会福祉法人　　149／2.2　社会福祉協議会　　150／2.3　共同募金会　　150／2.4　特定非営利活動法人(NPO 法人)　　151

第 3 節　社会福祉の財政　　152

3.1　社会保障関係費　　152

第 7 章　社会保障 ································ 158

第 1 節　社会保障制度の概念　　160

第 2 節　社会保障の機能　　162

2.1　生活安定・向上機能　　162／2.2　所得再分配機能　　163／2.3　経済安定機能　　163

第 3 節　医療保険制度の概要　　164

3.1　健康保険制度　　164

第 4 節　年金保険制度の概要　　165

4.1　国民年金(基礎年金)　　166／4.2　厚生年金保険　　170

第 5 節　雇用保険制度　　173

5.1　雇用保険　　173

第 6 節　労働者災害補償保険制度　　176

第 8 章　障害児・者の福祉について考える ························ 178

第1節　「障害」とは何か　178

第2節　「障害児・者」の定義　180

2.1　国政的な定義　180／2.2　日本における法的定義　181

第3節　障害児・者の現状　184

3.1　身体障害児・者の現状　184／3.2　知的障害児・者の現状　185／3.3　精神障害児・者の状況　186

第4節　障害者福祉を考える上での基本理念　187

4.1　ノーマライゼーション　187／4.2　インテグレーション・メインストリーミング・インクルージョン　188／4.3　自立生活理念　189／4.4　リハビリテーション　189／4.5　バリアフリー　190／4.6　ユニバーサルデザイン　191

第5節　障害者福祉の実施体制とサービス　192

第9章　高齢者福祉について考える ························ 198

第1節　高齢者福祉の制度概要　198

第2節　介護保険制度　201

2.1　介護保険制度の概要　201／2.2　地域包括支援センター　204

第3節　高齢者虐待防止法　205

第4節　高齢者福祉の専門職　207

4.1　主任介護支援専門員　207／4.2　介護支援専門員(ケアマネージャー)　208／4.3　訪問介護員(ヘルパー)　208

第5節　高齢者を取り巻く状況　209

5.1　老々介護　210／5.2　認知症　212／5.3　高齢者の生活状況　213

第 10 章　社会福祉のマンパワー ………………………… 220

第 1 節　社会福祉専門職の資格制度　222

1.1　社会福祉士　222 ／ 1.2　介護福祉士　224 ／ 1.3　精神保健福祉士　226 ／ 1.4　保育士　227 ／ 1.5　介護支援専門員(ケアマネージャー)　229 ／ 1.6　公認心理師　230

第 2 節　社会福祉行政機関の職種と任用資格　231

2.1　社会福祉主事(社会福祉法第 18 条，第 19 条)　231 ／ 2.2　児童福祉司　232

第 3 節　非専門的マンパワー　233

3.1　民生委員　234 ／ 3.2　児童委員　235

第 4 節　社会福祉専門職の倫理　236

第 5 節　他分野の専門職との連携　238

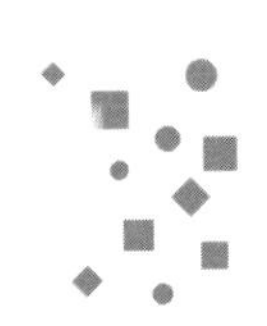

第１章　社会福祉とは何か

本書の目的は，「社会福祉とは何か」ということをさまざまな角度からみていきながら，社会福祉の概念と，その根底にある原理を明らかにすることである。現代社会は，複雑化し，急速に変化する時代であるといえる。そのことは，現在起きているさまざまな出来事からも明らかである。私たちの人生に起きてくる，さまざまな生活上の問題を解決していくためにも社会福祉について理解を深めることは私たちが生きる上でも重要であると考える。

一口に社会福祉といっても，社会福祉をどのようにとらえるのかについては，いろいろな考え方がある。なぜなら，社会福祉の，どの部分を強調するのかについては，人によって異なるからである。本書では，そのことを意識しながら「社会福祉」というものに一貫して流れている決して変わらないもの，決して変えてはいけないものは何であるのかという点にも注視していきたいと考えている。

「社会福祉」を英語では，「Social Welfare」という。そして，この「welfare」を手元の辞典でみると，① 福祉（ふくし），健康で幸せな状態，幸福，②（貧困者・失業者のための）福祉手当，失業手当，福祉（厚生）事業，と書かれている（『BEACON』三省堂，2002 年より）。ここからわかることは，「福祉」とは，私たちが「健康で幸せな状態」であること，そして，私たちが「健康で幸せな状態」になるための何らかの社会的な制度であるということがわかる。

私たちは，誰もが「健康で幸せな状態」であることを望む。しかし，何らかの社会的な理由(例えば，勤めている会社の倒産やリストラ等)によって，貧困者・失業者になる場合もあり，親の介護や子育てで悩むこともある。また，病気や怪我によって何らかの障害を負うことも考えられる。つまり，「welfare」を目指していたとしても，「welfare」でなくなることもあると考えることができる。

また，どのような状況に陥ったとしても自分の努力や家族や友人の支えによって何とか「welfare」を維持できる人もいる。しかし，そこには個人差もあり，当然，限界もあることはいうまでもない。その場合，何らかの社会的な制度やサービス，活動等によって，「welfare」ではなくなってしまった人を支えるための仕組みが求められることになる。

しかし，この場合，気をつけなくてはならないことは，個人や家族等の支えによって解決できない生活上の問題がすべて「社会福祉制度」の対象にはならないということである。大橋謙策は，このことについて，次のようにいう[1)]。

家族などの力で解決できない生活課題が，「社会の制度」としての救貧制度や社会福祉制度の対象になるためには，それが住民を統治するうえで必要な社会装置であるという判断がなされなければならない。

そして，大橋は，その基準として，以下の５つをあげている。

1. 家族や地縁集団が解決できない生活課題が社会的にどれだけあ

るかという量が基準になる。

2. 労働力の確保に関する立場から「社会の制度」を進めることがある。
3. 住民が抱える問題を放置しておくと，社会不安が起こり，社会統制が乱れる可能性が多大にあるとその時の為政者が考え，社会の安寧秩序を図る社会装置として「社会の制度」を進めることがある。
4. 人が家族や地縁集団を越えて人を助ける行為や，あるいは血縁関係，宗教集団とは異なって，新たに相互の生活助け合いの機能をつくり，助け合うという営みもある。
5. 社会の発展に必要な思想，哲学として考えられ，それが制度化されたものがある。

大橋の指摘は，とても重要である。同様の指摘は，岩崎晋也によってもなされている。岩崎は次のようにいう[2)]。「社会福祉が扱う生活問題とは，一人一人の生活が抱えている個別的な問題であると同時に，その問題を放置することが社会的にも許されないという社会的な問題なのである。」したがって，社会福祉の問題をみていくときに，社会福祉の本質を押さえておくことが重要になる。なぜなら，社会福祉の本質を押さえず，社会福祉の問題を考えてしまうと，社会福祉の対象となる出来事に目を奪われてしまう可能性があるからである。

たとえば，社会福祉の対象に目を向けた場合，対象把握の方法は，大きく３つに分けることができる[3)]。

① 福祉問題を目にみえる現象(たとえば，貧困，障害，ひとり親家庭等)とする考え方。
② 社会問題から派生する社会問題を社会福祉(社会事業)の対象とする考え方。
③ 社会生活上のニーズとの関係で社会福祉の対象を規定する考え方。

また，社会福祉の対象を歴史的視点でみてみると，その対象は時代と共に大きく変化してきたといえる。今から50年ほど前までの社会福祉は，貧しい人や低所得の人という社会的には少数の，特殊な状況に置かれた人々のための選別的な施策から，現在では，誰もが，人生の一時期において利用する可能性のある普遍的な制度，援助システムになったのである[4)]。このように，社会福祉は，その対象に目を向けるだけでもその時代や社会の状況の影響を受けて大きく変化する可能性がある。

社会福祉の本質を正しくとらえていくことは，目まぐるしく変化する状況に振り回されることなく，何が問題で，何をしなければならないのか，そのためには何が必要であるのか等を正しく理解し，問題解決に結びつけていくためには必要不可欠な知識であると考えている。

第１節　「社会福祉」という言葉

社会福祉の歴史をみてみると，いずれの国も慈善事業から社会事業へ，社会事業から社会福祉へと展開してきていることがわかる。社会福祉とは，何かを理解するために，その前段階の「慈善事業」「社会事業」「社会福祉事業」の言葉の意味について考えていく。

1.1　慈善事業

『広辞苑　第七版』(2018)で「慈善」は，以下のように記されている。

① あわれみいつくしむこと。情けをかけること。

② 特に，不幸・災害にあって困っている人などを援助すること。

また，慈悲は，仏教福祉の根本思想である。「慈」は「いつくしみ」を意味する友愛。「悲」は，他者の苦に同情し，それを救済しようとするものとされる[5)]。また，キリスト教では，神の愛(アガペー)に基づく「隣人愛」という考え方がある。これは「隣人を自分自身と同じように愛する」ということである。

わが国の「慈善活動」は，仏教による活動やキリスト教による活動等を挙げることができる。「慈善」とは，宗教的な動機から他人の困難を見て気の毒に思い援助の手をのべようとするところに成立する。そして，そのような個々の慈善行為が，どこの国でも大体産業革命の前後から，組織的に，かつ，ある程度の科学性をもって展開されるようになり慈善事業になったといわれている[6)]。

古代社会から封建制社会にかけては，一般に共同体の相互扶助を基盤として，慈善，慈恵，救済が中心であった。為政者による救貧・救済はやむを得ない場合に限られ，貧困は原因よりも結果であり，基本的に個人や共同体の責任に委ねられていた。また慈恵という言葉には恩恵的な思想があり，宗教的な動機に基づく慈善活動は恣意的・主観的な面が強かった。[7)]

1.2　社会事業

1950(昭和25)年にパリで開催された第5回国際社会事業会議において社会事業研究所から提出された定義では，「社会事業とは，正常な一般生活水準より脱落，背離し，またはそのおそれある不特定の個人または家族に対し，その回復保全を目的として，国家，地方公共団体，あるいは私人が社会保険，公衆衛生，教育などの社会福祉増進のための一般政策と並んで，またはそれを補い，あるいはこれに代わって，個別的，集団的に，保護助長あるいは処置を行なう社会的な組織的活動である」としている。

資本主義体制の基盤が形成される1920年前後から高度経済成長期に突入する1960年代後半あたりまでが，社会事業の段階と一般的に理解されている。[8)] 個人的な恩恵に頼る慈善事業では十分に対応できなくなり，救済のあり方自体の変化，社会性や専門性等にも目が向けられるようになったことから，慈善事業という言葉に代わり，社会事業という言葉が使われるようになった。

1.3　社会福祉事業

社会福祉事業という言葉は，1951(昭和26)年に社会事業法が制定されてから用いられるようになった。社会福祉事業の趣旨について，社会福祉事業法第3条では，「社会福祉事業は，援護，育成又は更生の措置を要する者に対し，その独立心をそこなうことなく，正常な社会人として生活することができるように援助することを趣旨として経営されなければならない」とある。戦後日本の社会福祉制度は，1951(昭和 26)年に制定された社会福祉事業法を規定とし，属性分野ごとに整備された社会福祉に関する法律(通称：社会福祉６法体制)によって展開されることになる[9)]。

第２節　社会福祉の概念

「社会福祉」という用語が法律上登場するのは，憲法第 25 条の規定からである。憲法第 25 条第１項で，「すべて国民は，健康で文化的な最低限度の生活を営む権利を有する」，第２項で「国は，すべての生活部面について，社会福祉，社会保障及び公衆衛生の向上及び増進に努めなければならない」とある。ここでは，「すべての国民が有する生存権」とそれに対する「国家責任が明記」されていることがわかる。これにより「社会福祉」が法制度，法概念として明確化されたことになる。そして，国はこの憲法に基づき，社会福祉関係法を制定し，行政機関，社会福祉の各種サービスを整備してきた。

また，社会福祉の定義として最も有名なもののひとつが，社会保障制度審議会(総理大臣の諮問機関，1948(昭和23)年設置の 1950(昭和 25)年に行った「社会保障制度に関する勧告」の定義である[10)]。「ここに，社会福祉とは，国家扶助の適用をうけている者，身体障害者，児童，その他援護育成を要する者が，自立してその能力を発揮できるよう，必要な生活指導，更生補導，その他の援護育成を行うことをいうのである」と規定している。この勧告では，社会保障制度の基本理念が示されていて,「社会保険」「国家扶助」「公衆衛生及び医療」「社会福祉」の4つが社会保障制度の柱と定められている。

社会福祉という言葉は,現在でもさまざまな意味で理解され,使われている。また,これまで多くの研究者によって社会福祉の概念規定が論じられてきた。しかし,その概念は多種多様であるといえる。そして,国民の社会福祉に対する考え方もその時代状況によって変化してきている。

1975年(昭和50)年以降,社会福祉は新しい段階に入っていったと考えることができる。これまでの経済成長に依拠して公的なサービスを拡大することを中心にした福祉対策から,低成長経済を前提にした社会福祉のあり方を考えなければならない時代に突入した。[11] その背景として,1970年代は2度のオイルショック(73年,78年)を経験したことにより日本経済が高度成長から低成長の時代に入ったこと等があげられる。

このような状況で福祉政策についての見直しの議論も盛んになった。1979(昭和54)年には,閣議決定で,自助と地域の相互扶助を基本にした「日本型福祉社会」を目標とする新経済社会7か年計画を策定している。1998(平成10)年6月には中央社会福祉審議会社会福祉構造改革分科会より「社会福祉基礎構造改革について(中間まとめ)」が出され,1951(昭和26)年に制定された「社会福祉事業法」の基本的な構造を改革することが検討されることになった。

1998年6月に中央社会福祉審議会の社会福祉構造改革分科会は,「社会福祉基礎構造改革について(中間まとめ)」を公表した。中間まとめは,改革の理念として,「これからの社会福祉の目的は,従来のような限られた者の保護・救済にとどまらず，国民全体を対象として，このような問題が発生した場合に社会連帯の考え方に立った支援を行い，個人が人としての尊厳をもって，家庭や地域の中で，障害の有無や年齢にかかわらず，その人らしい安心のある生活が送れるよう自立を支援することにある」としている[12)]。

そして，2000（平成12）年６月には，「社会福祉の増進のための社会福祉事業法等の一部を改正する等の法律」が成立・施行，「社会福祉法」の成立に至った。「社会福祉法」では，① 市町村による地域福祉計画の策定，② 地域における総合的支援と利用者との対等な関係の確立，③ サービスの質の評価の義務化，④ 苦情解決と権利擁護，⑤ 情報公開などによる事業運営の透明性の確保，⑥ 住民の積極的参加などを主たる内容とした「地域福祉の推進」が掲げられている[13)]。また，2000（平成12）年の「社会福祉法」への改称，改正とともに社会福祉の大きな改革につながったのが「介護保険制度」の導入である。介護保険法は1997（平成9）年に制定され，2000（平成12）年４月から実施された。

本法のねらいは，① 老後の最大の不安要因である介護を国民皆で支える「介護の社会化」，の仕組みの創設，② 社会保険方式により給付と負担の関係を明確にし，国民の理解を得られやすい仕組みの創設，③ 現在のタテ割りの制度を再編成し，利用者の選択により，多様な主体から保健医療サービス・福祉サービスを総合的に受けられる仕組みの創設，④「社会的に入院」を減らすために介護を医療保険から切り離す社会保障構造改革を行うことであった[14)]。

以上のような改革は，今後の日本が直面するであろう「少子高齢化」「人口減少」「資源減少」等，さまざまな問題を考える上で必要不可欠な改革であるといえる。しかし，福祉サービスをサービス利用者の収入の範囲で購入するという仕組みづくり（準市場化の考え方）が急速に進められているようにも感じられる。

「サービス多様性」「選択の自由」等の魅力的な言葉が並ぶ一方で常に政府の台所事情（財政支出抑制）が見え隠れするように思われる。繰り返しになるが，政府のいう地域福祉を軸とした福祉改革については一定の評価をすることはできるが，それでは，国や行政の役割は何か，どのようにあるべきか等については常に議論をする必要がある。

第３節　社会福祉の理念

3.1　日本国憲法

日本国憲法第 11 条には，「国民は，すべての基本的人権の享有（きょうゆう）を妨げられない。この憲法が国民に保障する基本的人権は，侵すことのできない永久の権利として，現在及び将来の国民に与へられる」とある。また，第 13 条では，「すべて国民は，個人として尊重される。生命，自由及び幸福追求に対する国民の権利については，公共の福祉に反しない限り，立法その他の国政の上で，最大の尊重を必要とする」として，一人ひとりの人間がかけがえのない存在であることを確認するとともに，人が人として生きていく上で必要不可欠な権利として，幸福を追求する権利を保障している。

第 14 条では，「すべて国民は，法の下に平等であつて，人種，信条，性別，社会的身分又は門地により，政治的，経済的又は社会的関係において，差別されない」として，個人の人権尊重に加え，他者との関係においても差別されないことを保障し，この憲法の理念のひとつである，法の下の平等を掲げている。

3.2　世界人権宣言

世界人権宣言は，1948(昭和23)年12月10日に第3回国連総会において「世界人権宣言」(Universal Declaration of Human Rights)として採択された。同宣言は，人権及び自由を尊重し確保するために，すべての人民とすべての国とが達成すべき共通の基準を定めたものである。なお，1950(昭和25)年の第5回国連総会において，毎年12月10日を「人権デー」(Human Rights Day)として，世界中で記念行事を行うことが決議された。

第1条で，「すべての人間は，生れながらにして自由であり，かつ，尊厳と権利とについて平等である。人間は，理性と良心とを授けられており，互いに同胞の精神をもって行動しなければならない」と謳われている。

この宣言は，法的拘束力をもつものではないが，すべての人間の人権保障が規定される等，第二次世界大戦後の世界に大きな影響を与えた。そして，現在においても社会福祉の理念を考える上で重要な意義をもっている。その後，国連は世界人権宣言の趣旨を具体化した法的拘束力をもつ「国際人権規約」を1966(昭和41)年に採択した。日本は1979(昭和54)年に批准している。

3.3　ノーマライゼーション（ノーマリゼーション）

この理念は，1950年代のデンマークにおける知的障害者の巨大収容施設のあり方をめぐる問題を契機としている。その後，1981(昭和56)年の国際障害者年をきっかけに国際的に浸透し，社会福祉の理念全体に影響を与えた。日本でも1970年代後半から盛んに取り上げられるようになった。

ノーマライゼーションの直訳は「正常化」であるが，ノーマライゼーションの理念を提唱したN.E.バンク・ミケルセンは，「人としての権利が実現するような社会の状態をつくりだしていくことだ」と述べている[15)]。「できる限り住み慣れた地域で家族や友人と共に生活することを目指していく」支援を考えるノーマライゼーションの理念は，今後の社会福祉の問題を考える上でも重要な理念のひとつであるといえる。

3.4　ソーシャル・インクルージョン（社会的包摂）

ソーシャル・インクルージョン(social inclusion)は，1970年代にフランスを中心に欧州で，移民，貧困者，高齢者，女性，児童，非正規雇用者等の格差，孤立，不平等を強いてしまう社会的排除(social exclusion)の対置概念として登場した[16)]。ソーシャル・インクルージョンを一言でいうとするならば，「すべての人々を社会の一員として包み込んでいく」あるいは，「違いを認め合いながら，より積極的に社会の側が弱い立場の人々を包み込む」という考え方である。

日本では，2011(平成23)年1月に「一人ひとりを包摂する社会」特命チームが設置された。2011(平成23)年8月には，「社会的包摂政策を進めるための基本的考え方」が出され，その中で，次のような考え方を示している[17]。

今後，人口減少や急速な高齢化が進行する中で，経済や社会の機能を維持・発展させ，質の高い国民生活を実現していくには，国民一人ひとりが社会のメンバーとして「居場所と出番」を持って社会に参加し，それぞれの持つ潜在的な能力をできる限り発揮できる環境整備が不可欠である。このような社会の実現に向けて，社会的排除の構造と要因を克服する一連の政策的な対応を「社会的包摂」という。

第4節　社会福祉の理論

本節では，「社会福祉とは何か」について，わが国を代表する研究者によって示されたいくつかの考え方について紹介する。研究者によって社会福祉に対するとらえ方に違いがみられることがわかる。

4.1　孝橋 正一

孝橋は，社会事業について次のように定義をしている[18]。

社会事業とは，資本主義制度の構造的必然の所産である社会問題にむけられた合目的・補充的な公・私の社会的方策施設の総体であって，その本質の現象的表現は，労働者＝国民大衆における社会的必要の欠乏状態に対する精神的・物質的な救済，保護および福祉の増進を，一定の社会的手段を通じて，組織的に行うところに存する。

孝橋は，マルクス主義経済学に基づき，自らの説を主張した。社会事業の主たる役割は資本主義体制における「賃金労働の再生産機構」における矛盾を緩和・解決することであり，社会事業は資本主義体制の恒久的持続性を目的とする（合目的性），社会政策を補充する（補充性）ことが特徴であると主張した。孝橋の説は，「政策論」の立場から社会事業を定義していると考えられる。

4.2 岡村 重夫

岡村は，社会福祉の固有性について，次のように説明をしている[19]。

すべての個人の社会生活の基本的欲求が充足されるために効果的な社会関係が不可欠であるならば，社会関係の客体的側面だけに着目する専門分化的な政策だけでは不充分であって，社会関係の主体的側面を問題とする個別科的援助の方策がなくてはならない。それはすべての個人が社会制度から要求される役割期待への適応過程を援助する方策であって，同じく社会生活の基本的要求の充足にかかわるものであるが，一般的な「政策」と立場を異にするものである。

岡村は，社会学に基づく社会福祉の固有性を明らかにし，社会福祉「学」を構築しようとした。岡村は，個人が社会生活における基本的要求を充足するために利用する社会制度との関係を「社会関係」とし，その「主体的側面」と「客体的側面」の二重構造を前提として，「社会関係の主体的側面」から見えてくる生活の困難(社会関係の不調和，社会関係の欠損，社会制度の欠陥)があるとき，そこに働きかける(調整する)ことが，「社会福祉の固有性」であるとした。岡村の説は，「固有論」といわれている。

4.3　一番ケ瀬 康子

一番ケ瀬は，社会福祉を，次のように定義している[20)]。

> 社会福祉とは，国家独占資本主義期において，労働者階級を中核とした国民無産大衆の生活問題に対する「生活権」保障としてあらわれた施策のひとつであり，他の諸施策とりわけ社会保障(狭義)と関連しながら，個別的にまた対面集団における貨幣・現物・サービスの分配を実施あるいは促進する組織的処置であるといえよう。

一番ケ瀬は，社会福祉の対象を生活問題から専門技術，社会病理に至るまで幅広く捉え，そこでの具体的な問題や個別性を明らかにしようとしている。一番ケ瀬の説は，「政策論」と「技術論」を包括するものとして「運動論」と呼ばれている。

4.4　古川 孝順

古川は，各先行研究の成果を継承しながら，できるだけ総合的，包括的に社会福祉を規定しようと試みている[21]。

社会福祉は，市民社会においてバルネラブル[22]な状態にある人びとに提供される社会サービスの一つであり，多様な社会サービスと連携しつつ人びとの自立生活を支援し，自己実現と社会参加を促進するとともに，社会の包摂力を高め，その維持発展に資することを目的に展開されている社会的組織的な施策の体系である。

古川は，社会福祉と一般社会サービスとの関係をＬ字型構造でとらえている。Ｌ字型の縦の部分は，一般社会サービスに対して，独自の視点・課題・援助の方法をもって並立的な位置関係において自存する施策・制度である。横の部分は，一般生活支援施策に対して，これを先導(代替)し，あるいは補充するという機能をもって存

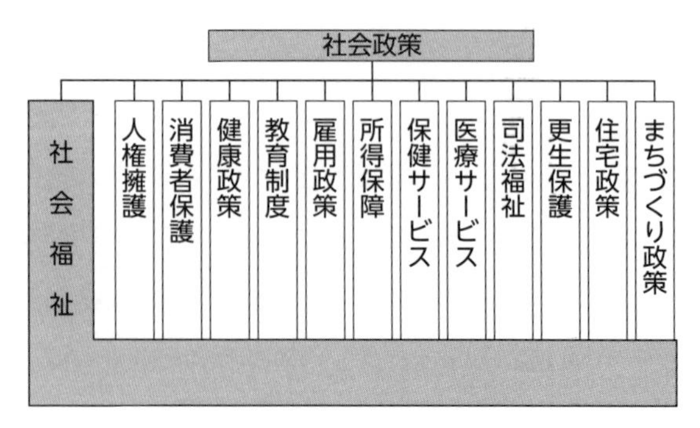

図 1-1　古川孝順のＬ字型構造論

(出典)古川孝順『福祉ってなんだ』(岩波ジュニア新書)2008 年，p.98

在している施策・制度である

古川のＬ字型構造論は，補充性論が有する他の社会サービスとの関係で社会福祉を理解することの意義を受け継ぎながら，社会福祉の固有の領域やアプローチを位置づけようとするものである(図1-1)。

以上のように，これまで多くの研究者によって社会福祉の理論について論じられてきているが，いまだにその統一的見解をみるまでには至っていない。その理由としては，社会福祉の理論を論じる研究者の研究的立場や時代背景によって「社会福祉」の姿が変化するためであると考えられる。しかし，社会福祉が一定の歴史的概念として存在すること，社会的な制度・政策とのかかわりの中で論じられていることは共通していると考えることができる。

第５節　社会福祉の範囲・対象者

5.1　社会福祉の範囲

社会福祉の範囲を示す場合には，「広義の社会福祉」「狭義の社会福祉」という２つの分け方がある。広義とは，社会保障や社会制度を広範囲に含んだものとして社会福祉を定義するものである。1950(昭和25)年「社会保障制度に関する勧告」(社会保障制度審議会，1950(昭和25)年10月16日)の中で，社会保障制度について，次のように定義されている。[23]

いわゆる社会保障制度とは，疾病，負傷，分娩，廃疾，死亡，老齢，失業，多子その他困窮の原因に対し，保険的方法又は直接公の負担において経済保障の途を講じ，生活困窮に陥った者に対しては，国家扶助によって最低限度の生活を保障するとともに，公衆衛生及び社会福祉の向上を図り，もってすべての国民が文化的社会の成員たるに値する生活を営むことができるようにすることをいうのである。

これをみてもわかるように，社会保障とは，社会保険，国家扶助(公的扶助)，社会福祉，公衆衛生等を含んだものであると考えられる。そして，「社会福祉」は，「社会保障」の構成要件のひとつであることがわかる。これが「広義の社会福祉」のとらえ方である。また，狭義とは，社会保障制度の社会福祉制度として分類された，公的扶助としての生活保護法，児童福祉法，身体障害者福祉法，知的障害者福祉法，老人福祉法，母子及び寡婦福祉法の福祉６法を狭義の社会福祉の範囲とするとらえ方である。

しかし，ここで気をつけなくてはならないことは，「社会福祉」というものが法制度・政策の範疇にとどめられてしまうことへの危険性である。実際の社会福祉というものを具体的な制度・政策の中にとどめてしまうことによってさまざまな矛盾が生じる可能性がある。社会福祉というものは，制度・政策で定められたものだけではなく，その周辺に広がる部分までも視野に入れる必要がある。

そこで大切になってくるのが，前述した社会福祉理論である。本書ではその代表的なものを取り上げたにすぎないが，社会福祉理論を考察・検討することで，制度・政策の枠内で社会福祉というものをとらえてしまうという危険性から私たちを守ってくれる。たとえば，岡村重夫は，社会福祉について，一定の資本主義経済の発達段階における社会・経済的条件によって規定される「法律による社会福祉」(statutory social service)をわが国における福祉六法とし，次のようにいう。[24)]

「法律による社会福祉」が社会福祉の全部ではない。いな全部であってはならない。法律によらない民間の自発的な社会福祉(voluntary social service)による社会福祉的活動の存在こそ，社会福祉全体の自己改造の原動力として評価されなければならない。「法律による社会福祉」が法律の枠にしばりつけられて硬直した援助活動に終始しているときに，新しいより合理的な社会福祉理論による対象認識と実践方法を提示し，自由な活動を展開することができるのは自発的な民間社会福祉の特色である。

社会福祉は，岡村のいう「自発的な民間社会福祉」によって新しい社会問題への取り組みがなされる場合が多いといえる。そして，それらの活動のいくつかが後に法制度化され，「法律による社会福祉」になる場合もある。わが国の場合は，「法律による社会福祉」のみを社会福祉ととらえてしまう傾向があるが，岡村のいう「自発的な民間社会福祉」の存在を見失ってはいけない。また，大橋は，「法律による社会福祉」と同時に展開されるボランティア活動の重要性を次のようにいう。[25)]

一人ひとりの幸福を追求し，ともに生きていてよかったという社会をつくるためには，法律による社会福祉制度としてのサービス提供と同時に，このボランティア活動が地域で，社会で豊かに展開されていることが重要である。

さらに，大橋は，「法律に基づき制度として展開される部分と国民のボランティア活動とが，『車の両輪』として展開されることが求められる。」としている。

5.2　社会福祉の対象者

2012(平成24)年の『厚生労働白書(平成24年版)』では，「社会保障を考える」がテーマであり，その中で「社会福祉の定義」を以下のように説明している。[26)]

社会福祉とは，個人の自己責任による解決に委ねることが困難な生活上の諸問題に関して，社会的に種々のサービスを提供することにより，生活の安定や自己実現を支援する制度であり，子どもの保育や，障害者等への福祉サービスなどの提供がある。

ここからわかることは，社会福祉の対象者として，「個人の自己責任」による解決に委ねることが困難な人の例として，「子ども」や「障害者」が挙げられていることがわかる。社会福祉の対象を考えることはとても重要である。なぜなら，今日，社会は大きく変化を遂げようとしており，社会問題も多種多様化してきている。しかし，そのすべてが社会福祉の対象となるわけではないからである。社会福祉の対象について，以下のように定義する考えがある。[27)]

「正常な一般生活の水準より脱落・背離し，又はそのおそれのある不特定の個人又は家族」を対象とする。(中略)要するに社会福祉は，このような意味での貧困を基礎とする社会問題を背負って正常な社会生活ができずに苦しんでいる，または，そのおそれのある個人又は家族を対象とするのである。「不特定の」というのは，特定の人を特定の理由で優先することなしに，という意味であろう。

今日では最低生活が維持できないというような「見える貧困」以外に，豊かな社会における「見えざる貧困」が急速に進行し，その内容も多種多様であり，より複雑になってきていると考えられる。社会・経済構造の変化による貧困の拡大以外にも急速な都市化の進行による地域社会の変貌，人間関係の希薄化や少子化等による家庭生活の不安定化，高齢化の進展に伴うさまざまな生活問題，生活不安が広がっている。これらのことは今後，社会福祉への要求を一層拡大し，その対象となる階層の幅をすべての国民へと広げていくことが考えられる。

以上のことから，福祉六法(生活保護法，児童福祉法，身体障害者福祉法，知的障害者福祉法，母子及び寡婦福祉法)に規定される生活困窮者，児童，障害者，ひとり親に限らず，ひきこもり，不登校児，非正規雇用者(ニート，フリーター等)，在留外国人，性的マイノリティ，刑余者，依存症等がその対象者として考えられる。このように，社会福祉が新たな課題を発見することで，社会福祉の対象を拡大・変化させてきていることがわかる。

前述したように，古川はこのような時代と共に社会福祉の対象が拡大・変化してきている状況を踏まえ，社会福祉の対象を表す言葉として，「社会的バルネラビリティ」「社会的にバルネラブルな人びと」という概念を導入し，次のように説明をしている。[28)]

社会的バルネラビリティは，「現代社会に特徴的な社会・経済・政治・文化のありようにかかわって，人びとの生存(心身の安全や安心)，健康，生活(の良さや質)，人格の尊厳，人と人とのつながり，環境(の良さや質)が脅かされ，あるいはそのおそれのある状態にある」という意味です。(中略)社会的にバルネラブルな人びととは，そのような「社会的バルネラビリティ」の状態にある人びとのことです。

古川は，そのような社会的バルネラビリティの状態にある人々を社会福祉の対象者(利用者)として位置づけ，社会的にバルネラブルな人々を支援するためには，その人々がどのような状況に置かれているのかを明らかにする必要がある，としている。[29)]

これまで社会福祉というと「限定された特別な人々への支援」というイメージがあった。このことはある時には，社会福祉の対象者を社会的弱者としてとらえてしまう。そこには，社会福祉が公的な制度・政策として支援する対象者は社会的弱者であり，一般市民とその家族は社会福祉の対象にはならないという理解があったと考えられる。

このことは，結果的に社会福祉の対象者に対する社会的排除につながり，時には対象者の主体性が奪われることにもなった[30)]。現在では，社会福祉が「必要な時にはいつでも利用できるすべての人々への支援」である，という理解をもつことが大切になってくる。そのためにも，社会福祉の対象について理解することは重要である，と考える。

第６節　社会福祉の主体

社会福祉の主体は，社会福祉をどの面からとらえるのかによって，基本的に次の(1)政策主体，(2)経営主体，(3)実践主体，の３つの分け方をすることができる[31)]。

6.1　政策主体

社会福祉政策を策定し展開する主体であり，第一義的には国である。その根拠は，いうまでもなく憲法第25条に求められることになる。また，地方自治体(都道府県・市区町村)も国の政策に規定されつつ，地方自治の立場から独自の社会福祉政策を展開する主体として機能する。

6.2　経営主体

社会福祉制度のもとで社会福祉事業を経営する主体であり，具体的には，公的な経営主体として，① 国，地方公共団体があり，私的経営主体には，② 社会福祉法人とそれ以外の私的団体又は個人がある。

6.3　実践主体

社会福祉制度の担い手であり，具体的には，各種社会福祉従事者およびボランティアとしてかかわる人々である。

あるいは，(1)公的社会福祉，(2)民間の自発的社会福祉，と大きく 2 つに分けて，(2)民間の自発的社会福祉を，① 民間非営利部門，② 民間営利部門に分ける考えもある。最近では，福祉多元主義(welfare pluralism)とか福祉混合(ミックス)という言葉で表現されることもある[32)]。福祉多元主義は，福祉サービスを提供する部門を(1)政府部門，(2)インフォーマル部門(家族や親族，隣人，友人等によって行われる組織化されていない部分)，(3)民間非営利部門(NPO，住民参加型団体，生活協同組合，社会福祉法人等)，(4)民間営利部門(福祉ビジネス等)を 4 つに分ける考え方である。

しかし，(4)民間営利部門においては，一般の市場原理に基づいて福祉サービスを提供することが困難な場面も多く存在する。たとえば，福祉サービスを利用する利用者が生活困窮者の場合には，市場原理に基づくサービスの購入が難しいことが考えられる。あるいは，福祉サービスの利用についての合理的な判断ができない利用者がいる場合にも一般の市場原理に基づいて福祉サービスを提供することが困難であるといえる。

このような場合には，公的機関が提供される福祉サービスの価格や質を管理したり，利用者に代わって福祉サービスの購入をしたり，あるいは，サービス利用をする場合の手続きを各専門職が行うことによって福祉サービスの提供等を行うことが考えられる。このような福祉サービスの提供には，他の各種サービス提供を行う場合とは異なる市場が必要となる。このように純粋な市場とは異なる市場を「準市場」(quasi-market)と呼んでいる。

日本の福祉政策の特徴のひとつとして，2000年代以降，介護保険制度の導入や「社会福祉基礎構造改革」等，準市場の考え方を用いた改革が進められてきている。多様なサービス事業者が，福祉サービス市場に参入する一方で行政の役割は，準市場のシステムが機能するように管理・運営することに限定される傾向にある[33)]。

福祉多元主義をみていくときに，民間部門の中でも特に民間営利部門(セクター)が重視されるとき，市場原理によるサービス提供が行われ，「福祉の市場化」が「営利化」につながる可能性がある。また，民間非営利部門が重視されるときに，福祉サービス提供への市民参加という側面が強まることになる。さらに，インフォーマル部門による福祉サービスの提供は，政府部門からは「当然のこと」として位置づけられることにより，特に積極的な支援を政府が行わない場合が考えられる[34)]。

これまでも社会福祉における政府(公的機関)と民間非営利組織(私的機関)との関係をどのように位置づけ，政府と民間非営利組織の間でどのような役割分担を行っていけばよいのかという問題が長い間，議論されてきた(公私関係論，公私役割分担論)。福祉多元主義においては，多様なサービス供給主体が存在することになる。その中で政府部門の役割が大きくなることはあっても，小さくなることは決してない。私たちは，耳触りのよい言葉に翻弄されることなく，社会福祉における公的責任の役割というものを今一度，しっかりと注視をしていくことが必要であると考える。

古川は，公的福祉サービス，任意福祉サービス（本書でいうところの「民間非営利部門」，「インフォーマル部門」），営利サービスそれぞれのあり方については，さまざまの議論がみうけられる，としながらも公的サービスについては，以下のように説明している[35)]。

> 社会福祉の歴史的発展過程に照らしていえば，公的福祉サービスは，低所得者や貧困者の福祉ニーズという意味ではなく，国民の福祉ニーズの基本的な部分，健康にして文化的であるべき人間生活の基盤に関わるような福祉ニーズに対応する固有の施策として理解されなければならない。そのうえで，任意福祉サービスの適切な位置づけがなされなければならないのである。

つまり，今後の社会福祉の世界において，現在の福祉多元主義とか準市場等の新たな言葉に代わるような用語やシステムが紹介され，あるいは，生み出されたとしても，公的部門（公的責任）の役割というものは決して後退することはあってはならず，公的部門以外の他の部門における福祉サービスの提供をより良く実施する上でも公的部門の役割は重要であると考える。そして，公的部門（公的責任）の根拠については，憲法第25条に求められるべきである。

注

1) 大橋謙策『新訂　社会福祉入門』財団法人放送大学教育振興会，2008 年，p.24
2) 岩崎晋也「社会福祉理論の動向と課題」松村祥子編『社会福祉研究』財団法人放送大学教育振興会，2010 年，p.43
3) 山縣文治・岡田忠克編『よくわかる社会福祉』ミネルヴァ書房，2002 年，p.16
4) 古川孝順『福祉ってなんだ』岩波ジュニア新書，2008 年，p.6
5) 吉田久一・長谷川匡俊『日本仏教福祉思想史』法蔵館，2001 年，pp.9-10
6) 仲村優一・三浦文夫・阿部志郎編『社会福祉教室』有斐閣選書，1977 年，pp.7-8
7) 岩田正美・武川正吾・永岡正巳・平岡公一編『社会福祉の原理と思想』有斐閣，2003 年，p.111
8) 山縣文治・岡田忠克編『よくわかる社会福祉』ミネルヴァ書房，2002 年，p.2
9) 大橋謙策，前掲書，p.53
10) 仲村優一ほか，前掲書，p.6
11) 大島侑監修，山本隆・小山隆編『社会福祉概論』ミネルヴァ書房，1998 年，p.50
12) 炭谷茂編著『社会福祉基礎構造改革の視座』ぎょうせい，2003 年，p.168
13) 松村祥子「社会福祉行政をめぐる問題」松村祥子編『社会福祉研究』財団法人放送大学教育振興会，2010 年，p.65
14) 大橋謙策，前掲書，pp.170-171
15) 花村春樹『「ノーマリゼーションの父」N.E. バンク－ミケルセン』ミネルヴァ書房，1994 年，pp.115-118
16) 岩崎晋也・金子光一・木原活信編著『社会福祉の原理と政策』ミネルヴァ書房，2020 年，p.84
17)「社会的包摂政策を進めるための基本的考え方」第 22 回社会保障審議会，2011（平成 23）年 8 月 29 日
18) 孝橋正一『全訂　社会事業の基本問題』ミネルヴァ書房，1962 年，pp.24-25
19) 岡村重夫『全訂　社会福祉学総論』柴田書店，1968 年，p.139

20) 一番ケ瀬康子『社会福祉論　新版』有斐閣，1968 年，p.9
21) 古川孝順，前掲書，p.12
22) バルネラブルな状態にある人々（people who are vulnerable）とは，（自分より強い相手や集団に対して）弱い，脆弱な，攻撃（損傷）を受けやすい，被害に遭いやすい，傷つきやすい，もろい等，訳される言葉であり，障害の有無を問わず誰もが経験する状態であると考えることができる。つまり，バルネラブルな状態というのは，誰もがなり得る。
23) 社会保障制度審議会「社会保障制度に関する勧告」1950（昭和 25）年 10 月 16 日（https://www.ipss.go.jp/）
24) 岡村重夫『社会福祉原論』全国社会福祉協議会，1983 年，p.3
25) 大橋謙策，前掲書，p.39
26) 厚生労働省『厚生労働白書（平成 24 年版）』2012 年，p.69
27) 仲村優一・三浦文夫・阿部志郎編『社会福祉教室』1977 年，p.13
28) 古川孝順，前掲書，pp.61-62
29) 同上書，p.63
30) 岩崎晋也ほか，前掲書，pp.6-7
31) 仲村優一ほか，前掲書，pp.13-14
32) 岩田正美ほか，前掲書，pp.22-23
33) 岩崎晋也ほか，前掲書，p.116
34) 一般社団法人日本ソーシャルワーク教育学校連盟編集『社会福祉の原理と政策』中央法規，2021 年，p.175
35) 古川孝順・庄司洋子・定藤丈弘『社会福祉論』有斐閣，1993 年，p.235

第2章　社会福祉の歴史(日本編)

日本の社会福祉の歴史を学び，その時代の背景や文化を理解することは，現代の社会福祉の問題点を明らかにする上でとても重要である。なぜなら，社会福祉政策が歴史的形成体であるという事実があるからである[1]。わが国の社会福祉は，明治時代以前にみられる慈恵的・救済的な精神に基づくものであったということができる。このことは，現代においても少なからず人々の社会福祉に対する考え方に影響を与えている。

一方，欧米諸国の社会福祉の歴史の場合もわが国と同様に，慈恵・救済的な精神に基づくものであったと考えることができる。しかし，欧米諸国の場合は，早くから救済は国家の義務であり，国民の権利であるとする考え方があったが，わが国の場合とは大きく異なるといえる。

また，社会福祉の歴史を学ぶ上で大切なことは，社会福祉の歴史は，それを現実に担い，実践した人間を抜きにしては語れないという事実である。吉田久一は，社会福祉の構成要素について，次のようにいう[2]。

社会問題は国民諸階層の生活問題として具体的な型で現れるが，それはその社会の矛盾の象徴である。その生活問題は，問題であると同時に，その社会に「生きた人間」のニードとして，解決すべき実践概念として構成されるものである。(中略)「生きた人間」である生活者として，社会問題を担っている社会福祉「対象者」は，歴史社会の規定を受けながら，主体的にはその矛盾を解決しようと努力し，生涯の生活過程を歩んでいるわけである。

さらに，吉田は，社会福祉の問題を解決する上で，歴史的社会的政策的解決法と共に，具体的実践方法として福祉サービスが要請され，そして，その中心には主体である利用者の人権が基本である，としている。

また，一番ケ瀬は，社会福祉の歴史を学ぶ意義について，以下のように述べている[3)]。

> 社会福祉の成立・発展は，偶然でも人びとの単なる経験の累積によるものでもなく，社会の歴史的発展の法制的・必然的な所産であり，それゆえに社会福祉の限界や矛盾も，またそれを人民の権利として発展させる方向も，歴史的にも科学的な理解が可能となるものである。

以上のように，社会福祉の歴史を学ぶ意義は，単なる過去の出来事を知るのではなく，現在，起きている，あるいは起きようとしている社会福祉問題を正しくとらえ，解決していくためにも必要不可欠な知識であるということができる。そして，正しい歴史認識をする上では，その生じた出来事だけに目を留めるのではなく，その主体となる人間に着目することがきわめて重要である，との一番ケ瀬の指摘であると考えることができる。

第１節　日本の社会福祉

1.1　明治以前の慈善救済

(1) 古　代

古代においては，共同体内の相互扶助と皇室の慈善的救済と仏教者の慈悲の実践としての救済が行われていた。日本の慈善救済は，仏教思想の影響により，推古元(593)年に聖徳太子(574～622)が四天王寺(大阪)に建立した四箇院(しかいん)から始まったといわれる。これは，現在の社会福祉，医療施設の原型となるものである。

1. 施薬院(せやくいん)：薬草を栽培して人々に分かち与える医療施設。
2. 療病院(りょうびょういん)：すべての病人を寄宿させる施療施設。
3. 悲田院(ひでんいん)：貧窮孤独な人を住まわせ，衣食住を提供した入所施設。
4. 敬田院(けいでんいん)：罪を犯した人に罪の償いをさせる修養所。

また，行基(ぎょうき 668～749)に代表される僧侶らは，弟子たちとともに諸国を回り布教活動を行ったが，単に仏教の教えを説くだけではなく，農業用の灌漑施設を作ったり，橋を架けたり，布施屋(無料宿泊所)等を作るなどして，民衆のための慈善救済を行った。

養老２(718)年に制定された養老律令の中の「戸令(こりょう)」において，救済の対象を「鰥(かん)，寡(か)，孤(こ)，独(どく)，貧窮(ぐんぴ)，老(ろう)，疾(しつ)」と定め，血縁や地縁の扶養が難しい場合は，郡司(地方行政)からの現物支給が行われた。[4)]

鰥：61 歳以上で妻のない者
寡：50 歳以上で夫のない者
孤：16 歳以下で父のない者
独：61 歳以上で子のない者
老：66 歳以上の者
疾：残疾，廃疾，篤疾

また，自然災害(凶作や災害)等による生活困窮者に対して天皇の慈恵的行為として米，塩，衣類などの物質等を支給する「賑給」(しんごう)が行われた。これらの救済は，公的救済というよりは，個人的慈善の傾向が強かった救済であるといえる。

(2) 中　世

中世では，古代と同様に血縁や地縁による救済を引き継ぎつつ，封建的身分関係が形成され，領主の領民支配が中心となった時代である。この時代には，封建領主による慈恵的救済が行われた。主に凶作，災害等による生活困窮者となった農民の救済にあたった。また，僧侶による慈善救済が盛んに行われた時代でもあった。

中世は，洋の東西を問わず，宗教の福祉思想がその中心であり，古代の国家仏教や貴族仏教に対して，信仰仏教を中心とした日本の宗教改革の時代であり，慈善や福祉も，政治権力を主とした古代仏教に対し，権力や身分を超越したものであった。[5)]

重源(ちょうげん　1121～1206)は，湯屋を布教，教化の重要な手段として考えていたと思われる。湯屋における湯施行は，身体的なケガレを浄める場であり，誰にでも広く開放されていた。重源は，湯屋を15か所建設しているが，湯屋を通して布教，教化を行おうとしていた。また，死刑囚の減刑助命にも積極的に活動していて，多くの減刑を実現させた[6)]。

叡尊(えいそん 1201～1290)とその弟子忍性(にんしょう　1217～1303)は，西大寺(さいだいじ)派戒律の慈善思想を代表している。叡尊は，西大寺派中興の祖として，密教の戒律を流布したが，弟子忍性とともに，日本社会事業史中興の祖である[7)]。

室町時代(1336～1573)は，政情不安が続き，朝廷・幕府とも福祉政策の余裕を失っていた。しかし，「建武式目」(1336)には，農民の訴訟を軽んずべからずことと記されている。戦国時代は，織田信長が鰥寡孤独の者への不持給与(ふちきゅうよ)を命じたこと以外，ほとんど救済制度は見当たらない[8)]。

しかし，戦国時代に特筆すべきこととしてあげられるのは，キリスト教の伝来における慈善活動である。1549年にフランシスコ・ザビエルが来日し，キリスト教の布教活動を行うが，同時に高齢者，孤児，難民等の救済活動にも尽くし，その後のキリスト教慈善事業に大きな影響を与えた。フランシスコ・ザビエル上陸後，日本にはカトリック教会の宣教師たちが来日し，伝道と慈善活動が行われた。

1552年に貿易商として来日したルイス・デ・アルメイダは，1555年には外科医の免許を取得し，宣教師兼外科医として再来日し，孤児院を建設する。また，病院を開設し，無償で治療を行う。

「ミゼリ・コリディア」を設置し，病院経営や福祉活動のための募金を集めた。しかし，江戸時代になるとキリスト教は禁教となり，仏教もまた檀家制度により戸籍と墓地の管理を主な仕事とすることになり，その社会的な影響力は弱くなる。

(3) 近　　世（江戸時代）

幕藩支配体制となり，士農工商等厳密な身分制度が存在した。農民の窮乏化が進み，天明，天保の大飢饉がそれに拍車をかけることになった。江戸幕府は封建制をとったが，一方中央集権的で，その慈恵政策は全国的，都市的，制度的性格をもっていた。特に都市的性格が濃厚であり，その点だけに限れば，制度的には近代救貧性への過渡的側面さえもっていた。[9)]

救済施設として代表的なものは，江戸幕府第８代将軍徳川吉宗によって1772(享保７)年に江戸小石川薬園内に建てられた「小石川養生所」である。養生所は，江戸市中の貧窮病者のための施療機関であった。寛政の改革では，老中松平定信により地主の負担する町費の７割を積み立てて緊急時の備蓄とする七分積金制度や江戸町会所がつくられた。また，1790(寛政２)年には，石川島に人足寄場を設立した。人足寄場には身元引受人のいない無宿人が送られ，技術指導を行い，更生させることを目的とした。また，作業には労賃が支払われ，その三分の一は強制的に貯金をして，更生資金とした。

1.2　明治から第二次世界大戦までの慈善救済

(1) 明治時代

1874(明治７)年に制定されて1931(昭和６)年まで効力をもってい

た「恤救規則(じゅっきゅうきそく)」。この規則についての通説的評価は，前時代的色彩の濃い救貧法で，しかも57年間も存続した救貧法であったといえる。[10] 恤救とは，「憐み敬うこと」という意味である。この法律は，前文で「貧窮を救い憐れむことは，人民相互の情誼(じょうぎ)によってその方法を設けるべきだが，差しおくことのできない無告の窮民(相談する相手もない窮民)には遠近によって50日分以内の米を以下の規則に照らして給する。詳細は内務省に照会すること」とある。

貧民の救済は，本来，「人民相互の情誼(付き合いの上の義理・情愛)」でなされるべきものという相互扶助の原則に立ち，その上で障害者，病人，子ども等に米を給付するというものであった。このことにより今まで地方ごとに行っていた救貧対策に一応の統一がなされたが，内容をみてもわかるように，保護の対象がきわめて限定的であるため救貧対策としては不十分なものであった。

「恤救規則」の特徴としては，以下のことをあげることができる。[11]

第１の特徴としては，繰り返しになるが制限救助主義である。地域や親族の相互扶助も得られない「無告の窮民」に対象を限定している。第２の特徴としては，制限救助を実現した官治主義である。地域の公共救済に発展する地域相扶を，公共の制度に成長させず，民間の相互扶助である「人民協救」に押しとどめようとした。第３の特徴は，この官治主義を理念的に支えた慈恵主義である。この恤救規則が天皇の「御沙汰」によるものであることを強調しようとしている。近代においては，天皇による恩賜あるいは慈恵として，この国家的な救済制度が継承されている。

それでは，この「恤救規則」の実施状況は，どのようであったのかというと，1876(明治 9)年度で総人口 34,338,404 人に対して，2,521 人(0.007%)，1889(明治 22)年度では，総人口 40,072,020 人に対して 14,240 人(0.03%)であった。1883(明治 16)年において国民の 6 割弱にあたる 21,330,816 人が下等の生活状態にあると報告されていることから，「恤救規則」における救済の水準が不平不満を述べる力もない者をかろうじて生命を維持させるという体のものであり，いわば形だけの救済策であったことがわかる。[12)]

1890(明治 23)年第 1 回帝国議会に提出された「窮民救助法案」は，「棄児養育米給与方」(1871(明治 4)年)，「恤救規則」(1874(明治 7)年)，「行路死亡取扱規則」(1882(明治 15)年)等を改正して一括した公的扶助法の近代化を開く画期的な法案であったが，廃案となってしまった。その後も「恤救規則」「救貧税法案」が提出されるが，いずれも成立しなかった。その背景には，「人民相互の情誼」を伝統的醇風美俗とする強固な儒教的救済思想や欧米における救貧法批判に刺激をうけ濫救による惰民養成を危惧する自由主義的貧困観があったといえる。そして，事態はむしろ逆の方向をとることになった。[13)]

一方で，公的救済の不足を補う形で民間慈善事業が発展した。明治時代はキリスト教の禁止令が解かれたこともあり，明治政府の不十分な対応を埋めるかのようにして，貧困者の救済活動等にキリスト教(特にプロテスタント教会関係者)による活発な活動が展開されることになる。たとえば，1887(明治 20)年には貧窮児童を対象とする「岡山孤児院」が石井十次によって設立され，孤児救済事業を行った。また，1900(明治 33)年には，野口幽香や森島美根らは幼稚園を貧困家庭の子弟教育にまで拡大することを目指して，「二葉幼稚園」(現・「二葉保育園」)を設立する。

石井亮一は，わが国最初の知的障害児施設である「三一子女学校」(現・「瀧野川学園」)を1891(明治24)年に設立した。1899(明治32)年には留岡幸助が不良化した少年たちの矯正のための施設「家庭学校」(現・児童自立支援施設「北海道家庭学校」)を設立する。山室軍平は，1895(明治28)年に世界的なキリスト教団体である「救世軍」に入隊し，翌年には，東京の小石川に「出獄人救済所」を設立して更生保護事業に取り組む。1900(明治33)年には，東京の築地に「醜(しゅう)業婦救済所」を設立して廃娼運動を行う。英国聖公会宣教師ソーントンは，「聖ヒルダ養老院」を1895(明治28)年に設立し，わが国最初の養老事業を行う。

カトリック教会によるものとしては，横浜で修道女が1872(明治5)年に孤児院「慈仁堂」を設立。長崎では，岩田マキ，ド・ロ神父によって授産・医療救護・孤児教育等多方面にわたって救済活動を行う。

また，キリスト教だけでなく，仏教に基づくものとしては，今川貞山らが1876(明治9)年に「仏教上慈悲の旨趣に基づき，貧困無告の児女を修養する」として福田会を結成し，貧困家庭の児童の救済を行う。奥田貫照は，1880(明治13)年に「落伍者の発生は社会的欠陥であり，廃疾・不具・孤児・貧児の救済は地域における急務である」という発想を原点として，救貧施設「善光寺大勧進養育院」を設立して，貧民の救済に尽力した。

明治期における救済事業あるいは慈善事業には，２つの流れが存在する。第1の流れは，地域社会の民間施設として展開したが，地域行政ともつながる公共的な性格を内包することもあった。第2の流れは，道徳的・宗教的な発想に基づく個人的事業も注目される。そうした個人的な同情心がもたらす救済としては，儒教の個人的仁恵，仏教の慈悲思想，キリスト教の慈善思想に基づくものとに分かれた。[14)]

日露戦争は，軍事費を急増させたにもかかわらず賠償を得ることができなかった。日清戦争以後，国内の社会問題は，農村の窮乏によって拍車をかけられ，流入人口の都市スラムへの沈殿，犯罪者の増加と社会運動，労働運動の萌芽という具体的内容をともなって現れた。それに対して政府は，治安と慈恵の政策を断行し，国民の生活と意識を剛・柔の両面から統制管理する体制を整備していった。[15)]

具体的には，恤救規則で謳われている「貧困者の救済は隣人間の相互扶助による」ことを改めて強調し，恤救規則にみることのできる制限的・抑制的な救貧制度をより一層行うことになったのである。

(2) 大正時代

1914(大正3)年に第一次世界大戦が勃発，日本も参戦して勝利をするが，物価が上昇し，労働者の実質賃金は低下することになった。このような状況は新しい社会運動・労働運動の展開を生み出すことになり，国家体制をも揺るがすことになる。大戦終結直前の1918(大正7)年に富山県で起こった米騒動は，潜在化していた社会問題や貧困問題を表面化させ，労働争議や小作争議等の社会運動が盛んとなる契機となった。一都三府三十八県にまたがる，米価の急激な暴騰のために生活難におちいった70万人をはるかに超える大衆が起こした行動(米騒動)は，戦前の日本における最大の大衆運動であった。[16)]

個人的な恩恵に頼る慈善事業ではとうてい対応することができなくなり，政府も救済の責任から逃避し続けることは，社会不安への対応の上からも不可能となる。救済のあり方自体も変化し，社会性や専門性にも目が向けられ，慈善事業や救済事業という従来の呼び方に代わって，1920年前後から「社会事業」と呼ばれるようになる。[17)] 1917(大正6)年に内務省に救護課が設置され，軍人の家族を対象に軍事救護法を制定する。救護課は，1920(大正9)年に社会局に改組され，それ以降，「社会事業」という用語が政府用語となる。

1917(大正6)年には岡山県の笠井信一知事がドイツのエルバーフェルト制度を参考に，篤志家の人たちに「済世顧問」を委嘱し，非常勤無報酬で主に生活困窮者の生活改善指導にあたった(済世顧問制度)。また，1918(大正7)年には，大阪府の林市蔵知事が方面委員制度を発足させた。これらの制度は，地域を担当する委員を委嘱し，貧困者の調査や相談をするというものである。日本における民生委員制度の歴史は岡山県の済世顧問制度と，大阪府の方面委員制度が全国に普及して1936(昭和11)年に全国的に統一した制度として方面委員会が公布されたのが出発点だといわれている。[18)]

1923(大正12)年，関東全域から静岡県，山梨県にかけて発生した関東大震災は，全焼・全壊57万戸，死者・行方不明者14万人という大損害をもたらし，震災恐慌の事態となった。震災後の火災による被害も甚大で，被災者は190万人余りであった。関東大震災は戦後不況に見舞われていた日本経済にさらなる打撃を与えることになった。この時期，セツルメント運動(p.71，第3章第2節2-2参照)は大学を中心に宗教団体，公共団体などでも活発に行われるようになった。東京帝国大学の学生たちが下町で被災者の救済事業を行っている。

大戦後の20年代には，米騒動のような一揆的なものから，反資本主義イデオロギーに基づく意識的かつ広範な社会活動へと変わった。こういった社会不安を緩和・解消する何らかの対応をする必要に迫られた。窮民状態にある貧民は，少なくみても55万人以上存在したと思われる。これに対して，明治以来の恤救規則による救済人員は，せいぜい1万人前後であった。[19)]

政府は，このような社会情勢に対応するために，1926(大正15)年，内務省社会局内に社会事業調査会を設置し，恤救規則に代わる新法の立案に着手することになった。1874(明治7)年に制定された「恤救規則」は，大正時代には行き詰まることになり，1929(昭和4)年に「救護法」が成立する。

(3) 昭和時代

1929(昭和4)年に成立した「救護法」は，貧困のため生活のできない人のうち「65歳以上の老衰者，13歳以下の幼者，妊産婦，不具疾病・傷痍その他精神または身体の障害により労働不能の者」が対象で，救護の種類は生活扶助，医療，助産，生業扶助の4種であった。居宅介護が原則だが，それができない場合には，養老院，孤児院，病院その他の救護施設へ収容した。

救護費は，市町村の負担で国が2分の1，府県が4分の1を補助した。市町村は救護事務を補助する委員(名誉職)を設けることになり，「方面委員」と呼ばれた。これが現在の児童・民生委員の前身となる。「方面委員」のルーツは，前述した「済世顧問制度」にさかのぼることができる。

1931（昭和 6）年に満州事変が勃発し，1937（昭和 12）年には日中戦争，1941（昭和 16）年には太平洋戦争へと戦争を拡大していった。政府は戦局が拡大していく中で「救護法」よりも「軍事扶助法」，「戦時災害保護法」などによる救済が中心であった。たとえば，「軍事扶助法」は，扶助費用はすべて国庫扶助であり，実際に使われた費用も救護法では 642 万円余りであるのに対して，軍事扶助法では 3,391 万円余りとなっている[20)]。

政府は，1938（昭和 13）年には「国家総動員法」を制定し，戦時体制が確立したこの年に「厚生省」を設立し，「社会事業法」を制定する。このように社会事業に対する国家の指導・統制はより強化されていくことになった。社会事業は厚生事業へと名称を変え，第二次世界大戦以降，国民生活への国家統制がより徹底されると，厚生事業も戦時体制への協力の性格を強めることになった。

1.3　第二次世界大戦後の社会福祉

(1) 福祉三法時代から福祉六法時代へ

1945（昭和 20）年 8 月 15 日に第二次世界大戦（太平洋戦争）が終結する。日本は，死傷者，建物の破壊，戦後の凶作等により経済は破滅状態に陥っていた。戦後は，軍国主義体制から一転して，民主主義体制への方向転換を進めることになり，この経緯は，連合軍総司令部（GHQ）の指導のもとに進められた。社会事業についても GHQ

の強力な指導で推し進められることになる。

戦後は，社会の混乱も激しく，国民生活も窮乏をきわめていたこともあり，緊急の対策が必要とされていた。政府はGHQの指令に基づいて1946(昭和21)年10月に「生活保護法」を制定し施行した。これにより，戦前からあった救護法，軍事扶助法等の法律は廃止されることになる。

生活保護法には，GHQの指示による① 生活困窮者の保護は国家責任，② 公私分離の原則，③ 困窮者の保護は無差別平等，④ 必要な保護費には制限を加えない，という4原則が盛り込まれた。また，従来の「方面委員」という名称が「民生委員」に変更となり，生活保護法の実施に関して補助機関として位置づけられた。

この法律は，それ以前の「恤救規則」や「救護法」とは異なり，近代的な生活をもつものとして確立されたことにおいて画期的であったといえる。しかし，欠格条項や扶養義務最優先規定を残し，実施においても民生委員を補助機関とした点，国民の権利が不明確であった点などの問題を残している。[21)]

児童に関しては，まず，戦災孤児の保護のための養護施設(現・児童養護施設)が相次いで設立された。1947(昭和22)年には「児童福祉法」が制定される。当初，この法案作成段階では「児童保護法」という名称であったが，今後の児童対策は要保護児童だけではなく，すべての児童を対象に，その健全育成をも範囲に入れた対策を視野に入れて「児童福祉法」とした。しかし，現実には，国および地方自治体はきわめて緊急的な生活困窮対策に追われていて，その他は多分に民間有志の活動(ボランティア)や米国赤十字の救護やララ物資[22)]

などの働きなどに委ねられていた。[23)]

障害者関係では，1949（昭和24）年に「身体障害者福祉法」が制定された。当時，傷痍軍人や戦災が原因の身体障害者が増大し，その生活も非常に困難をきわめていたこともあり，その保護と同時に社会復帰を目的とした法律であった。占領軍がリハビリテーション法を要請したので，リハビリから生活援護まで含む「更生援護」を基本とした身体障害者の基本法として成立した。[24)]

以上の「生活保護法」「児童福祉法」「身体障害者福祉法」の三法を「福祉三法」と呼び，第二次世界大戦終結という時代を反映した法律であるということができる。

1950（昭和25）年には朝鮮戦争が始まり，これをきっかけに日本は経済復興を遂げることになる。1960（昭和35）年以降は，所得倍増計画による高度経済成長政策のもとで経済がいちじるしく発展し，国民生活は確かに豊かになった。しかし，一方で国民所得格差の拡大，生活環境の破壊，地域社会や家族機能の低下などが進行した。特に，生活環境の破壊が大きく，全国各地で改善を求める市民運動が起こり，公害紛争が頻発する。

また，1955（昭和30）年は，今日の社会福祉体制の基礎となる法律が整備された時代でもある。まず1960（昭和35）年に「精神薄弱者福祉法（現・知的障害者福祉法）」が制定される。これまでは知的障害者には，児童福祉法の中で知的障害児施設における対応しかなかったので，18歳以上の成人の知的障害者に対する支援体制が整備されることになった。

1963（昭和38）年には，「老人福祉法」が制定された。高度経済成長下では，家族機能の低下等における多様な高齢者問題への対応が迫られることになった。これまでは「生活保護法」により対応していたが総合的な老人福祉立法が求められることになった。また，1964(昭和39)年には，「母子及び寡婦福祉法」(現・母子福祉法)が制定される。核家族化の進行，女性の社会進出，保育や養育能力の低下等により特に母子世帯への対策を立てる必要があった。前述した「福祉三法」に加えて「福祉六法」の時代が到来した。

1955(昭和30)年代は，高度経済成長の時代でもあり，福祉分野においても福祉国家を目指して積極的な対策がとられたと考えることができる。しかし，この背景には，急速な経済成長が生み出した歪みから，さまざまな社会問題を生み出した時代であったということができる。

(2) 低経済成長期における社会福祉見直し論へ

政府は，1973(昭和48)年を「福祉元年」と位置づけ，社会保障制度の大幅な拡充を図ったが，1975(昭和50)年以降，社会福祉は新しい段階に入っていったと考えることができる。これまでの経済成長に依拠していた公的なサービスを拡大することを中心にした福祉対策から，低成長経済を前提にした社会福祉のあり方を考えなければならない時代に突入した。[25)]その背景として，1970年代には2度のオイルショック(73年，78年)を経験したことにより日本経済が高度成長から低成長の時代に入ったこと等があげられる。

このような状況で福祉政策についての見直しの議論も盛んになった。1976(昭和51)年には，全国社会福祉協議会が「これからの社会福祉－低成長下におけるそのあり方」の中で，「施設収容主義の見直し」「コミュニティ・ケアへの移行」「民間ボランティア活動の推進」などを発表した。地域のサービス供給を低コストで行う指針を示していると考えることができる。

また，1979(昭和54)年に政府は，閣議決定で自助と地域の相互扶助を基本にした「日本型福祉社会」を目標とする「新経済社会７か年計画」を策定している。その内容は，「① 経済各部門の不均衡の是正，② 産業構造の転換とエネルギー制約の克服，③ 新しい日本型福祉社会の実現，の３つを経済運営の基本として，新たな発想と決意をもって取り組むこと」としている。

そして，「日本型福祉社会」については，「欧米先進国へキャッチアップした我が国経済社会の今後の方向としては，先進国に範を求め続けるのではなく，このような新しい国家社会を背景として，個人の自助努力と家庭や近隣・地域社会等の連帯を基礎としつつ，効率のよい政府が適正な公的福祉を重点的に保障するという自由経済社会のもつ創造的活力を原動力とした我が国独自の道を選択創出する，いわば日本型ともいうべき新しい福祉社会の実現を目指すものでなければならない」としている(下線筆者)。

わが国は，英国を初めとしたヨーロッパに発展した福祉国家，「国家による福祉」の失敗・弊害を避けるため，欧米にない，わが国に固有の「福祉の含み資産」である家族・親族・近隣・企業・地域社会による相互扶助と連帯を基軸に「社会による福祉」を構築すべきである，というのが日本型福祉社会論の骨子であった。[26)]

この提案は，社会福祉のあり方を根本から変更する内容を多く含んでいることもあり，一部の反論を招きながらも，1980年代には次つぎと実施に移されていくことになった。また，国債に依存した財政状況から「増税なき財政再建」を達成するために，1980(昭和55)年，第二次臨時行政調査会が発足して行財政改革が進められることになった。

1982(昭和57)年には，老人医療の一部負担を導入する「老人保健法」が制定され，1986(昭和61)年には，生活保護関係を除いて国が補助する社会福祉の負担割合を減らし，社会福祉の実施事務を国の機関委任事務から団体委任事務に改める見直しが行われている。年金制度では，1985(昭和60)年に，職域集団ごとに分立していた制度を見直し，国民のすべてに共通した基礎年金制度を導入した。

(3) 社会福祉改革へ (平成の社会福祉改革)

社会福祉を支える専門職として1987(昭和62)年，「社会福祉士及び介護福祉士法」が制定された。名称独占であるが，有資格の専門職がわが国に誕生した。1989(平成元)年には手話通訳士の認定についての規定が定められた。

1989(平成元)年に国は21世紀の超高齢社会を見据えた向こう10年間の高齢者福祉プラン「高齢者保健福祉推進十か年戦略」(ゴールドプラン)を発表した。具体的な目標値を掲げ，在宅福祉サービスや施設サービスの基盤整備を進めていくための計画が打ち出された。その後，1994(平成6)年に「新ゴールドプラン」，1999(平成11)年に「ゴールドプラン21」に移り，高齢社会を見通した施策が行われた。

また，1989(平成元)年3月に福祉関係三審議会合同企画分科会による意見具申「今後の社会福祉のあり方について」により，今後の社会福祉の方向性が示された。その主な内容は，① 市町村の役割の重視，② 在宅福祉の充実，③ 民間福祉サービスの健全育成，④ 福祉と保健・医療の連携強化・総合化，⑤ 福祉の担い手の養成と確保，⑥ サービスの総合化・効率化を推進するための福祉情報提供体制の整備，である。

この意見具申を受けて，1990（平成 2）年には，「老人福祉法等の一部を改正する法律」が成立した。この法律で改正になったのは，生活保護法を除く，「老人福祉法」「老人保健法」「身体障害者福祉法」「精神薄弱者福祉法（知的障害者福祉法）」「児童福祉法」「母子及び寡婦福祉法」「社会福祉事業法」「社会福祉・医療事業団法」の八法である。

主な改正の内容は，以下の通りである。

① 施設福祉と在宅福祉を市町村において一元的に運営実施する体制の整備
② 在宅福祉サービスを行う事業又は施設に関する所要の規定の整備
③ 市町村及び都道府県に対して「老人保健福祉計画」の策定の義務づけ
④ 障害者関係施設の範囲の拡大
⑤ 有料老人ホームの設置等

障害者福祉分野では，1993（平成 5）年に「心身障害者対策基本法」（1970（昭和 45）年制定）が全面改正され，「障害者基本法」が制定された。1995（平成 7）年には，障害者施策をより計画的に推進するために具体的な数値目標を定めた「障害者プラン～ノーマライゼーション 7 か年戦略～」が制定された。精神障害者福祉分野では，1995（平成 7）年に精神保健法が「精神保健福祉法」に改正され，1997（平成 9）年に「精神保健福祉士法」が制定され，翌年 1998（平成 10）年に精神保健福祉士が国家資格として誕生した。

子ども家庭福祉分野では，少子化対策として，1994(平成6)に「今後の子育て支援のための施策の基本的方向について」(エンゼルプラン)が発表された。その後，2000(平成12)年には「重点的に推進すべき少子化対策の具体的実施計画について」(新エンゼルプラン)が策定され，保健福祉サービスの拡充が図られることになった。

1995(平成9)年には，「介護保険法」の成立と児童福祉法の改正が行われた。このような時代の流れの中で社会福祉基礎構造改革が提唱される。

1997(平成9)年に，中央社会福祉審議会社会福祉構造改革分科会が設置された。翌年6月の「社会福祉基礎構造改革について(中間のまとめ)」を経て，1999(平成11)年に「社会福祉基礎構造改革について(社会福祉事業法等改正法案大綱骨子)」が発表された。その後，2000(平成12)年6月「社会福祉のため増進のための社会福祉事業法等の一部を改正する等の法律」が成立・施行され，「社会福祉法」が成立した。

第2節　福祉政策の現状

ここでは，現在の社会福祉制度・政策の起点ともいえる「社会福祉基礎構造改革」と「社会福祉法」について，さらに詳しくみていくことにする。

2.1　社会福祉基礎構造改革とは

(1) 社会福祉基礎構造改革の理念

1997(平成9)年からの中央社会福祉審議会社会福祉基礎構造改革分科会等の議論により，1998(平成10)年6月「社会福祉基礎構造改革について(中間まとめ)」が発表された。そこでは，次のような改革の理念が述べられている。

○成熟した社会においては，国民が自らの生活を自らの責任で営むことが基本となるが，生活上の様々な問題が発生し，自らの努力だけでは自立した生活を維持できなくなる場合がある。
○これからの社会福祉の目的は，従来のような限られた者の保護・救済にとどまらず，国民全体を対象として，このような問題が発生した場合に社会連帯の考え方に立った支援を行い，個人が人としての尊厳をもって，家庭や地域の中で，障害の有無や年齢にかかわらず，その人らしい安心のある生活が送れるよう自立を支援することにある。
○社会福祉の基礎となるのは，他人を思いやり，お互いを支え，助け合おうとする精神である。その意味で，社会福祉を作り上げ，支えていくのは全ての国民であるということができる。
○このような理念に基づく社会福祉を実現するためには，国及び地方公共団体に社会福祉を推進する責務があることを前提としつつ，次のような基本的方向に沿った改革を進める必要がある。

そして，その基本的方向として，(1)対等な関係の確立，(2)地域での総合的な支援，(3)多様な主体の参入促進，(4)質と効率性の向上，(5)透明性の確保，(6)公平かつ公正な負担，(7)福祉の文化の創造，をあげている。また，社会福祉基礎構造改革の具体的な内容としてのポイントは，次の４点をあげることができる。

① サービスの利用方法（措置から契約へ）

社会福祉における措置制度とは，行政庁(市町村等)が，自らの判断により，福祉施設への入所や在宅サービス等が必要な人に対して，施設へ入所させ，あるいは在宅サービス等の提供を行う制度である。措置制度では，サービスの利用者と提供者(福祉施設・事業者等)の間の法的な権利義務関係が不明確である。個人が自らサービスの利用を選択し，それを提供者との契約により利用する制度を基本とし，その費用に対して，提供されたサービスの内容に応じ，利用者に着目した公的助成を行う。

② 権利擁護

自己決定の尊重，障害のある人も家庭や地域で通常の生活ができるようにする社会づくり(ノーマライゼーション)等の考え方に対応し，柔軟かつ弾力的な利用しやすい権利擁護の制度が必要となってきている。今後，「成年後見制度」の早期導入が望まれるとともに，財産管理にとどまらず，日常生活上の支援を行うことが大変重要であることから，社会福祉の分野においても，成年後見制度の利用や，高齢者，障害者，児童等による各種サービスの適正な利用などを援助する制度の導入，強化を図る必要がある。

③ 質と効率性の確保

利用者の受容に的確に対応するためには，保健・医療・福祉サービスの一体的な提供が重要であり，福祉サービス全般について，介護支援サービス（ケアマネジメント）のようなサービス提供手法の確立が必要である。サービス内容の評価は，サービス提供者が自らの問題点を具体的に把握し，改善を図るための重要な手段となる。こうした評価は，利用者の意見も採り入れた形で客観的に行われることが重要であり，このため，専門的な第三者機関において行われることを推進する必要がある。

④ 地域福祉の確立

家庭や地域の中で，障害の有無や年齢にかかわらず，社会参加ができ，その人らしい生活が送れるよう，それぞれの地域において総合的なサービスを受けられる体制を整備することが重要である。このため，現在，老人，障害者，児童といった対象者ごとに策定されている計画を統合し，都道府県及び市町村のそれぞれを主体とし，当事者である住民が参加して策定される地域福祉計画を導入する必要がある。

（中間まとめ）では，1945（昭和20）年代につくられた戦後日本の社会福祉の基本的枠組みは大きな変更がないまま50年間維持されてきたが，今日の社会福祉を取り巻く状況は大きく変化し，時代の要請にそぐわなくなり，抜本的に改革する必要がある，としている。この基本的枠組みとは，社会福祉に対する基本的な考え方，サービスを提供する体制，利用に関する仕組み等，社会福祉のすべての分野に共通する基礎構造である。

この基礎構造を改革するために，前述したように，2000(平成12)年「社会福祉の増進のための社会福祉事業法等の一部を改正する等の法律」が成立し，社会福祉事業法，身体障害者福祉法，知的障害者福祉法，児童福祉法，民生委員法，社会福祉施設職員等退職手当共済法，生活保護法の一部改正，公益質屋法が廃止された。なお，「社会福祉事業法」は，「社会福祉法」となった。この八法改正が社会福祉基礎構造改革である。

しかし，この社会福祉基礎構造改革には，次のような指摘もなされている。[27)] ① 本報告は70年代後半からの財政制約・「福祉見直し論」線上にある。② 70年代以降の「社会福祉」問題多発の中で，「改革」の必然性がある。③ 先進国型福祉のほとんどが取り入れられ，形而上的な「あるべき」福祉が述べられている。④ 社会的責任等が希薄で，自己責任，市場原理が重視されている。⑤「社会連帯」と「自

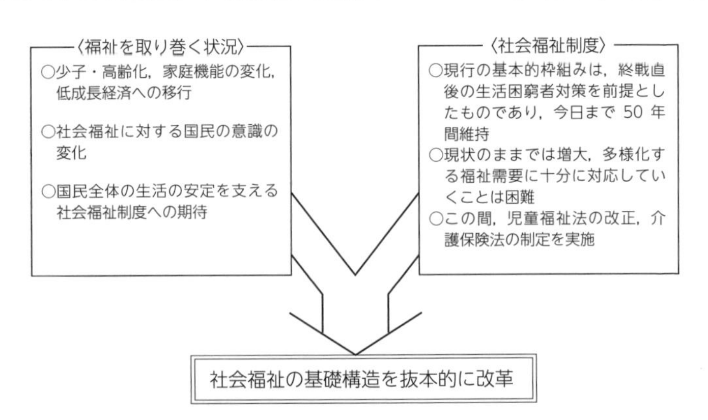

図 2-1　「社会福祉基礎構造改革について（中間まとめ）」の要点

(出典)厚生労働省(https://www.mhlw.go.jp/www1/houdou/1006/h0617-1.html 2024年5月3日閲覧)

己責任」の関係が明確でない。⑥「福祉サービス」や「福祉ビジョン」が先行し，抽象的総合的ではあるが，「社会福祉とは何か」という理論が明確でない，である(図 2-1)。

2.2　社会福祉法とは

わが国の社会福祉制度は，1951(昭和 26)年に制定された「社会福祉事業法」を軸に，社会福祉六法(生活保護法，児童福祉法，身体障害者福祉法，知的障害者福祉法，老人福祉法，母子及び父子並びに寡婦福祉法)体制が 1965 年までに構築された。社会福祉基礎構造改革により半世紀ぶりに大幅な改正が行われた。2000(平成 12)年 6 月，「社会福祉の増進のための社会福祉事業法等の一部を改正する等の法律」が公布され，「社会福祉事業法」は「社会福祉法」と改められた。

「社会福祉法」第 1 条で，「この法律は，社会福祉を目的とする事業の全分野における共通的基本事項を定め，社会福祉を目的とする他の法律と相まつて，福祉サービスの利用者の利益の保護及び地域における社会福祉(以下「地域福祉」という。)の推進を図るとともに，社会福祉事業の公明かつ適正な実施の確保及び社会福祉を目的とする事業の健全な発達を図り，もつて社会福祉の増進に資することを目的とする」と，この法律の目的を述べている。

戦後の 1951(昭和 26)年に制定された「社会福祉事業法」，2000(平成 12)年に社会福祉基礎構造改革の中で法律名称も含めて改正された「社会福祉法」における(改正の目的)(理念)を比較すると，以下のようになる。

(1) 1951 (昭和 26) 年「社会福祉事業法」 法律第 45 号 (昭 26. 3.29)

(社会福祉事業の趣旨)

第3条　社会福祉事業は，援護，育成又は更生の措置を要する者に対し，その独立心をそこなうことなく，正常な社会人として生活することができるように援助することを趣旨として経営されなければならない。

(2) 2000 (平成 12) 年「社会福祉法」令和 4 年法律第 12 号による改正

(福祉サービスの基本的理念)

第3条　福祉サービスは，個人の尊厳の保持を旨とし，その内容は，福祉サービスの利用者が心身ともに健やかに育成され，又はその有する能力に応じ自立した日常生活を営むことができるように支援するものとして，良質かつ適切なものでなければならない。

(地域福祉の推進)

第4条　地域福祉の推進は，地域住民が相互に人格と個性を尊重し合いながら，参加し，共生する地域社会の実現を目指して行われなければならない。

2　地域住民，社会福祉を目的とする事業を経営する者及び社会福祉に関する活動を行う者(以下「地域住民等」という。)は，相互に協力し，福祉サービスを必要とする地域住民が地域社会を構成する一員として日常生活を営み，社会，経済，文化その他あらゆる分野の活動に参加する機会が確保されるように，地域福祉の推進に努めなければならない。

（福祉サービスの提供の原則）

第５条　社会福祉を目的とする事業を経営する者は，その提供する多様な福祉サービスについて，利用者の意向を十分に尊重し，地域福祉の推進に係る取組を行う他の地域住民等との連携を図り，かつ，保健医療サービスその他の関連するサービスとの有機的な連携を図るよう創意工夫を行いつつ，これを総合的に提供することができるようにその事業の実施に努めなければならない。

（福祉サービスの提供体制の確保等に関する国及び地方公共団体の責務）

第６条　国及び地方公共団体は，社会福祉を目的とする事業を経営する者と協力して，社会福祉を目的とする事業の広範かつ計画的な実施が図られるよう，福祉サービスを提供する体制の確保に関する施策，福祉サービスの適切な利用の推進に関する施策その他の必要な各般の措置を講じなければならない（下線は筆者）。

以上を見てもわかるように，1951（昭和26）年の「社会福祉事業法」が「措置を要する者」という言い方に対し，2000（平成12）年改正の「社会福祉法」では，「福祉サービスの利用者」と言い方を換えていることがわかる。これはすべての国民が社会福祉サービスを利用する権利の主体者であるということを表していると考えることができる。

このことにより，多くの福祉サービスの利用方法が従来の措置制度から契約制度へと移行することになった。

また，利用料金の徴収方法もサービスの利用に際して費用の一部または全部の負担を利用者に求める受益者負担と呼ばれる方法が設定された。

ここには，措置制度にあった公的責任と権利保障の思想が自己責任を基本とする利用制度への転換により後退する可能性があることも注視する必要がある[28)]。

次に，「地域福祉体制の確立」が謳われていることがわかる。その目的は何かといえば「日常生活を営み，社会，経済，文化その他あらゆる分野の活動に参加する機会が確保される」ためである。ここでは，人権やノーマライゼーション，自立支援等の基本理念が示されている。

また，提供される福祉サービスについては，従来のようないわゆる「タテ割り行政」によるサービス提供ではなく，「利用者の意向を十分に尊重」し，「その他の関連するサービスとの有機的な連携」を図りながら，「総合的に提供」することが求められている。つまり，ケアマネジメント，福祉サービス利用援助事業（地域福祉権利擁護事業）等の福祉サービスの新たな仕組みが示されている。

最後に，国及び地方公共団体等の責務として，このような「福祉サービスの計画的な実施」が図られるようにするため，「福祉サービスを提供する体制の確保」と「福祉サービスの適切な利用の推進」が求められている。このように福祉サービスを計画的に実施するためには，行政計画の必要性を示していると考えることができる。今後は，行政ごとに，その地域の実情に合った，社会福祉計画の立案・実施・評価といったものが重視されるようになることが求められている。

その後，「社会福祉法」は，2016（平成28）年3月31日に「社会福祉法等の一部を改正する法律」（改正社会福祉法）が衆院本会議で可決，成立した。この社会福祉法改正では，福祉サービスの供給体制の整備及び充実を図るため，社会福祉法人制度について経営組織のガバナンスの強化，事業運営の透明性の向上等の社会福祉法人制度改革を行った。[29)] 具体的には，① 経営組織のガバナンスの強化，② 事業運営の透明性の向上，③ 財務規律の強化，④ 地域における公益的な取組を実施する責務，⑤ 行政の関与の在り方，がある。

また，福祉人材の確保の促進としては，① 介護人材確保に向けた取組の拡大，② 福祉人材センターの機能強化，③ 介護福祉士の国家資格取得方法の見直しによる資質の向上等，④ 社会福祉施設職員等退職手当共済制度の見直し，があげられる。

2017（平成 29）年６月２日公布「地域包括ケアシステムの強化のための介護保険法等の一部を改正する法律」による社会福祉法の改正（2018（平成 30）年４月１日施行）では，「我が事・丸ごと」の地域作り・包括的な支援体制の整備として，①「我が事・丸ごと」の地域福祉推進の理念を規定，② この理念を実現するため，市町村が包括的な支援体制づくりに努める旨を規定，③ 地域福祉計画の充実，の３つのポイントがあげられている。

2020（令和２）年６月５日成立，同 12 日公布「地域共生社会の実現のための社会福祉法等の一部を改正する法律」（2021（令和３）年４月１日施行）では，社会福祉法の改正の趣旨として，「地域共生社会の実現を図るため，地域住民の複雑化・複合化した支援ニーズに対応する包括的な福祉サービス提供体制を整備する観点から，市町村の包括的な支援体制の構築の支援，地域の特性に応じた認知症施策や介護サービス提供体制の整備等の推進，医療・介護のデータ基盤の整

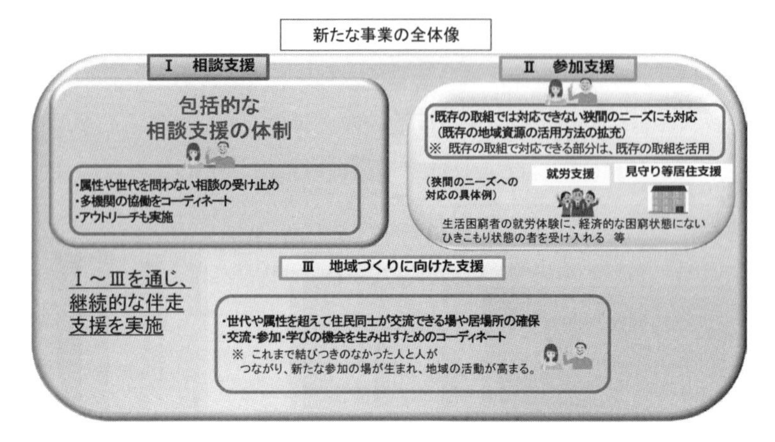

図 2-2　社会福祉法に基づく新たな事業の創設
(出典)厚生労働省(https://www.mhlw.go.jp/content/12201000/ 000648681.pdf
2024 年 5 月 3 日閲覧)

備の推進，介護人材確保及び業務効率化の取組の強化，社会福祉連携推進法人制度の創設等の所要の措置を講ずる」としている[30]。改正の概要としては，以下の 5 つのポイントをあげている。

① 地域住民の複雑化・複合化した支援ニーズに対応する市町村の包括的な支援体制の構築の支援
② 地域の特性に応じた認知症施策や介護サービス提供体制の整備等の推進
③ 医療・介護のデータ基盤の整備の推進
④ 介護人材確保及び業務効率化の取組の強化
⑤ 社会福祉連携推進法人制度の創設

今後は，制度・分野ごとのタテ割りや支え手・受け手という関係を超えて，地域住民や多様な主体の参画の下，人々がさまざまな生活課題を抱えながらも住み慣れた地域で自分らしく暮らしていけるよう，地域住民が支え合い，一人ひとりの暮らしと生きがい，地域とともに創っていくことのできる「地域共生社会」の実現に向けた取り組みが進められることになる。[31)]

注

1）古川孝順・高沢武司・右田紀久恵編『社会福祉の歴史』有斐閣，1977年，p.2
2）吉田久一『日本社会事業の歴史』勁草書房，1960年，p.2
3）一番ケ瀬康子・真田是編『社会福祉論』有斐閣，1968年，p.13
4）野本三吉『社会福祉事業の歴史』明石書店，1998年，pp.16-19
5）吉田久一・岡田英己子『社会福祉思想史入門』勁草書房，2000年，p.227
6）野本三吉，前掲書，pp.28-31
7）吉田久一，前掲書，p.229
8）山田美津子・稲葉光彦編『社会福祉を学ぶ』みらい，2010年，pp.36-37
9）吉田久一『日本社会事業の歴史』勁草書房，1960年，p.62
10）古川孝順ほか，前掲書，p.210
11）池田敬正『日本における社会福祉のあゆみ』法律文化社，1994年，pp.59-60
12）古川孝順ほか，前掲書，pp.217-218
13）古川孝順・庄司洋子・定藤丈弘『社会福祉論』有斐閣，1993年，p.98
14）池田敬正，前掲書，pp.63-64
15）古川孝順ほか，前掲書，『社会福祉の歴史』p.223
16）同上書，pp.238-239
17）岩田正美・武川正吾・永岡正巳・平岡公一編『社会福祉の原理と思想』有斐閣，2003年，p.88

18) 野本三吉，前掲書，p.89
19) 古川孝順ほか，前掲書，p.262
20) 野本三吉，前掲書，p.110
21) 一番ケ瀬康子ほか，前掲書，p.142
22) 第二次世界大戦後，米国の宗教団体や慈善団体などから成る組織LARA（アジア救済連盟の略称。：Licensed Agency for Relief in Asia）によって供与された食料や衣類などの物資。
23) 一番ケ瀬康子ほか，前掲書，p.142
24) 池田敬正，前掲書，p.175
25) 大島侑監修，山本隆・小山隆編『社会福祉概論』ミネルヴァ書房，1998 年，p.50
26) 古川孝順ほか，前掲書，p.413
27) 吉田久一ほか，前掲書，pp.311-312
28) 岩田正美・武川正吾・永岡正己・平岡公一編『社会福祉の原理と思想』有斐閣，2003 年，p.121
29) 厚生労働省ホームページ，(https://www.mhlw.go.jp)，「社会福祉法人制度改革について」
30) 厚生労働省ホームページ，(https://www.mhlw.go.jp)，「地域共生社会の実現のための社会福祉法等の一部を改正する法律の概要」第 25 回社会保障審議会福祉部会，令和 2 年 7 月 15 日資料 1
31) 一般財団法人厚生労働統計協会『厚生の指標　増刊　国民の福祉と介護の動向 2022/2023』Vol.69，No.10，2022 年

第3章　社会福祉の歴史(英国編)

第1節　英国における社会福祉の歴史

1.1　荘園とギルド（職業別組合）

中世封建社会は，荘園(しょうえん)を基盤とする自給自足経済の上に成り立っていた。土地所有者である領主(貴族)のもとで農奴たちが労働し生活する荘園は，それぞれがひとつのまとまりをもつ独立した村落共同体を形成し，地縁的・血縁的な結びつきに基づいた相互扶助が行われていた。

また，中世都市にはギルド(商人ギルドと手工業ギルド)が形成され，生産量，価格，競争の排除等を規定し，構成員の利益を擁護した。ギルドにおいては，団結を維持するために，病人の見舞いや寡婦の保護，遺児の保護と教育，葬式代の扶助等の相互扶助が行われていた。

1.2　キリスト教

キリスト教における慈善事業は，初期においては教区を通じて，後には修道院によって行われた。教区では司祭のもとで，貧困者の扶養，寡婦・老人・孤児・病人の保護，死者の埋葬等の慈善事業が行われた。これらの財源は教会税(1/10税)であった。修道院では，救治院(hospital)や救貧院(almshouse)による，老人・病人・児童等の援助を行った。歴代の法皇は，教区司祭に救貧の義務を課し，教区ごとに貧民の扶養や，老人・病人・障害者の保護等の慈善(教区慈善)にあたらせた。

中世末期になると貨幣経済の浸透やエンクロージャー(囲い込み運動)，農奴制の崩壊により封建社会が解体される。さらに，飢饉やペストの大流行等により，生活に困窮する大量の貧困者が生み出されることになる。英国では絶対王政のもとで，15 世紀から 16 世紀にかけて増え続ける貧民への抑圧を強めた。ロンドンへの移動を厳しく罰する法律を制定したが，効果はなかった。

1.3　エリザベス救貧法 (Elizabethan Poor Law) の制定　1601 年

英国では貧民の救済や治安維持を目的とした「エリザベス救貧法」(救貧法)が 1601 年に制定された。救貧法は，国家的規模で定められた世界で最初の救貧法である。この救貧法では救済の対象を労働能力の有無により，① 有能力貧民(労働能力をもつ貧民)，② 無能力貧民(労働能力をもたない貧民)，③ 要保護児童，の 3 種類に分類した。

① 有能力貧民

麻，亜麻，羊毛，糸，鉄などの材料と道具を用意して就労を強制し，労働を拒否した者には治安判事が懲治院(house of correction)または一般の監獄に送った。

② 無能力貧民

救貧院(poor house)収容あるいは在宅での金品の給付により生活の扶養が行われた。

③ 養育者のいない子ども

8 歳以上の扶養者のいない児童は，適切な養育や訓練を目的に男子は 24 歳まで，女子は 21 歳あるいは結婚まで徒弟奉公の強制が行われた。

＊② ③ については，祖父母から孫にいたる直系の親族扶養が義務とされ，それでも生活できない場合には，上記のような処遇が行われた。

以上，救貧法の特質をまとめると，以下のようになる。

① 貧民に対しては，抑圧的な厳しい対応を基本とした。

② 貧民を労働能力の有無によって明確に分類し，それぞれ異なる対応を行った。

③ 教区を単位として「貧民監督官」が任命された。

これをみてもわかるように，福祉的な対策というよりは，貧困者を強制労働させることで安価な労働力を確保することがわかる。また，貧困者の出現を抑制して治安を維持するための目的があったことがみて取れる。

1.4　近代的慈善事業の発展

この当時の英国では，救貧法の公的救済と共に民間の慈善事業も行われた。17 世紀半ば以降は，慈善事業は近代的な性格を帯びてきた。その背景について，次のことをあげることができる[1)]。

① 市民革命後の啓蒙思想の影響

慈善事業は宗教的色彩を弱め，個人の人格についての認識に基づいて行われるようになった。

② 慈善の新たな対象と主体の形成

賃金労働者(「働く貧民」)が増加する一方で，ミドル・クラス(「商工業ブルジョアジー」)が誕生し，このミドル・クラスが啓蒙思想の影響を受けて，近代的慈善事業の担い手になった。

18 世紀には，「博愛の世紀」といわれるほど，その活動は活発になり，その中心となった博愛協会(philanthropie association)は，慈善学校(charity school)や慈善病院(charity hospital)，孤児院，養育院，感化院による児童への援助，政治的亡命者への支援，監獄改良運動などに取り組んだ。

英国において 18 世紀後半から 19 世紀前半にかけて行われた産業革命は，蒸気機関に代表される動力機械の発明により，産業技術上の革新を果たした。このことにより，資本家は安く，長時間働く労働者を獲得することで利益を上げようとし，労働者は，低賃金で長時間働くことを余儀なくされた。また，機械制工場での労働は，それまでの手工業的熟練を要しなかったので，抵抗力の弱い婦人や児童の労働を一般化し，児童労働問題と婦人労働問題を引き起こした。[2)]

このような社会状況の変化の中で，エリザベス救貧法に代わる新救貧法が，1834 年に制定されることになった。

1.5 新救貧法の制定 1834 年

このような状況の変化の中で，エリザベス救貧法に代わる新救貧法が 1834 年に制定されることになった。新救貧法では，以下の 3 原則とした。

① 全国的行政基準統一の原則(Principle of National Uniformity)

救済は全国的に統一した方法でなされること。このために中央機関の創設などを勧告した。

② 労役場制度(Workhouse System)

労働能力のある貧困者の在宅救済を廃止し，労役場収容に限ること。

③ 劣等処遇の原則(Principle of Less-eligibility)

すべての救済を実質・外見共に「最下級の自立労働者」の生活・労働条件以下に抑えること。

この新救貧法を支えた諸理論のひとつに，マルサス(Thomas Robert Maruthus, 1766～1834)の『人口論』(1798)の考え方があった。彼によれば，一定の数の人々を養うに足るだけの食料しかないという事情のもとで発生する貧困は，まったく個人的な怠惰・不注意によって引き起こされたもので，公的な救済は，貧困の怠惰・不注意を助長し，自助独立の気概を失わせるものであり，むしろ有害無益なものであるという考え方があった。[3)]

このように，英国政府による貧民の救済は可能な限り縮小するという方向のもとに行われたために実際の貧民の救済については，労働者自身による自助組織や民間の慈善的団体によって行われることになった。

1.6　慈善組織協会（COS:Charity Organization Society）　1870年

19世紀後半の民間慈善事業の代表的なものとしては，慈善組織協会の活動がある。COSは，対象を慈善的救済に「値する貧民」と「値しない貧民」とに分類し，後者をCOSの慈善事業の対象にしないで，救貧法に委ねることにし，自身が本当に対象にすべき貧民のみを救済することにした。

また，地区ごとに地区員会を設置し，対象となる貧民の世帯を訪問して調査を行い，それを記録する。そして，それをもとに民間慈善団体の間で連絡・調整・協力をしながら貧民の救済を行った。このような方法は，現在の社会福祉の支援方法である「ケースワーク」や「コミュニティ・オーガニゼーション」の先駆的な働きをしたといえる。

1.7　ソーシャル・セツルメント

セツルメントとは，大学教授や学生などの上流階級の有識者が貧困街（スラム街）に住みながら，人格的接触を通じて福祉の向上を図る事業である。1884年にバーネット（S.Barnett）により，ロンドンのイースト・エンドのスラム街にトインビー・ホール（Toynbee Hall）が創設されることで本格的な運動となる。トインビー・ホールでは，以下の活動がなされた。

① 労働者や児童のための教育事業（各種講座やクラブ活動）
② 住民の環境改善，生活向上のための諸活動（展覧会，音楽会等の文化的活動）
③ 協同組合や労働組合の支援・協力による地域住民の組織化
④ 地方行政に対する働きかけ
⑤ 社会調査による社会改良のための啓発活動

このセツルメント活動は，その後米国のシカゴでのアダムズ(J.Adams)によるハルハウス(Hull House1889年創設)や日本の東京帝国大学(現・東京大学)セツルメント運動にも影響を与えた。

1870年にバーナード(T.J.Barnard　1845-1905)によってロンドンにあるスラム地区の貧困浮浪児のためのホームが創設された。「貧困な児童が入ることは決して拒まない」という方針のもと，その後，100余りの施設を創設することになった。小舎制を採用し，年齢，能力，環境により小グループに分け，ホーム内に学校を設置，職業技術を与え，退所後もアフター・ケアを行った。家庭的な愛情や生活を重視し，1886年には里親委託も実施した。バーナードホームの実践活動は後に，日本の石井十次にも多大な影響を与えることになった。

チャールズ・ブース(C.Booth　1840-1916)は，労働者階級を中核とする貧困の実態・原因を明らかにするために，1886年から1902年にかけて3回にわたる調査をロンドンで行った。彼の報告書『ロンドン民衆の生活と労働』の中で，① 全人口の約3分の1が「貧困線」(the life of poverty)以下の生活を送っていること，② 貧困の原因は，不規則的労働，低賃金等の「雇用の問題」が半数以上で，疾病・多子等の「環境の問題」が続き，飲酒，浪費等の「習慣の問題」は約1割であることを明らかにした。

そして，彼の影響を受けたシーボーム・ラウントリー(B.S. Rowntree　1871-1954)は，1899年ヨーク市において第1回目の貧困調査を実施し，総収入が単なる肉体的能率を保持するのに必要な最小限度にも足りない家庭(第一次貧困)，一応，肉体的能率を保持するのに足りる家庭(第二次貧困)が，全人口の約３割であることを示した。

このような科学的貧困調査により，貧困が個人的な問題ではなく，全社会的問題であって，何らかの国家的対応策が必要であるという認識を強めることになった。この後，政府による何回かの社会的制度の改革があり，1942 年に“ゆりかごから墓場まで”という国民の生活を保障する社会的制度として，『ベバリッチ報告』が発表された。報告書では，社会保険によって所得保障に対応し，それができない場合には公的扶助で補うという考え方であり，社会保障が克服を目指す五大悪(窮乏・疾病・無知・不潔・怠惰)は，人々を窮乏から救うための対象として位置づけられた。

この報告書をもとに，国民保険省設置法(1944)，家族手当法(1945)，国民保険業務災害法(1948)等，社会保障関係法を体系化した。このように『ベバリッチ報告』が，その後の英国の社会保障のあり方を決定づけただけではなく，日本をはじめとする世界の社会福祉・社会保障のあり方に大きく影響を与えた。

1979 年の総選挙でサッチャー(M.H.Thatcher)保守政権が誕生した。彼女は，これまでの福祉国家・高福祉高負担政権に対して「小さな政府」を実現するため「公費削減」，「民間活力の導入」を柱とする政策を実施する。それにより公的部門によって提供されてきた社会福祉・社会保障・住宅政策等の社会サービスは縮小されることになった。

さらに，1990 年には，増加した医療費を抑制するため，「国民保健サービスおよびコミュニティ・ケア法」が成立された。サッチャーは，財政引き締めによる「小さな政府」を目指し，「サッチャリズム」と称されるさまざまな規制緩和等の経済政策を推進したが，一方で失業者の増加や所得の格差拡大などの問題も引き起こした。

その後，1997年には労働党のブレア(T.Blair)政権が発足した。彼は「大きな政府」でも「小さな政府」でもない「第三の道」を目指した。ブレア政権は，「増税なき改革」を志向し，年金改革，「働くための福祉プログラム」，国民保健サービスなどの改革を行った。ブレア政権は，公的福祉サービスはより支援の必要な者に対する選別性を認めることによって効率的な方法とすべきとし，広い意味でのケアサービスの提供には公私のパートナーシップによるケア市場を構築する方向を示した。[4)]

ブレア政権は，社会保障の重要性を再認識し，社会保障と福祉国家の再建を図った。彼の政策は，ヨーロッパ各国に大きな影響を与えることになった。その後，保守党と労働党の連立政権時には，保守党党首キャメロンが，「第三の道」で実施された施策やプログラムの廃止を推し進め，緊縮財政をより鮮明に打ち出した政策を展開することになった。

2018年9月30日現在，英国にはチャリティ法(1960)に基づいて約17万団体が「チャリティ」と呼ばれる資格をもって登録されている。この資格をとることにより，社会的信用及び税制上の優遇措置が得られるというメリットがある。一方で，会計報告等の責任を通じた監督を受けることになる。「チャリティ」となるためには活動の目的が，①貧困の救済，②宗教の振興，③教育の振興，④それ以外の公益，のいずれかに合致していればよい。

また，「チャリティ」の形態は，有限会社，信託，人格なき社団，あるいは特別法人などであり，法人格の有無は問われない。この「チャリティ」の認定は，独立の委員会(チャリティ・コミッション)で行われている。この委員会は，政府から一定の距離を保ったコミッショナーの集まりであり，議会や各省庁等の政治的思惑から離れたところにあるとされている。[5)]

現在，英国ではボランティア団体等に参加しての「公的(formal)ボランティア」だけでなく，団体等に参加しないで親族以外の人に無償でサービスを提供する「私的(informal)ボランティア」も存在する。月に 1 回以上団体に参加しての公的ボランティア活動をしている人の割合は 29%，私的ボランティアをしている人は 37%である。また，78%の人は月 1 回以上寄付をしている。[6)]

第 2 節　米国における社会福祉の歴史

米国における社会福祉の歴史は，植民地開設の当初に宗教家や宗教心に厚い住民による個人的活動として始まっているが，植民地時代の米国の救貧政策には，原則として英国のエリザベス救貧法など各国の救貧政策が取り入れられた。1800 年代後半には，工業化，資本主義化の進行により労働者とともにヨーロッパから移民が増加することになる。南北戦争終結後の 1873 年に恐慌が起こると，失業者が増大し，貧民の大都市集中という現象を招くことになった。このような中で，以下の活動が展開されることになる。

2.1　慈善組織協会（COS）の設立

バッファローの慈善組織化協会は，ガーティン(S.H.Gurteen)により1877年に設立された。ガーティンは1869年に英国のロンドンに設立された慈善組織協会(COS:Charity Organization Society)に学んだ。COSの原則は，①すべての地方的慈善団体を，彼らの代表からなるひとつの委員会の指導下に置くこと，②事業の重視，資金の浪費等を避けるために中央登録制を設けること，③個別ケースごとに必要なニーズを測定して個別に支援を決定すること，そのために「友愛訪問員」によってすべての救済申請者を調査させることであった。以後，この慈善組織協会は，米国東北部の大都市を中心に発展していった。

2.2　セツルメント運動

1866年に米国最初のセツルメント運動は，コイト(S.Coit)がニューヨークのイーストエンドに設立した隣人ギルト(Neighborhood Gild)によって始められた。そのモデルとなったのは，ロンドンのトインビー・ホールである。その後，1889年にシカゴにアダムズがハルハウス(Hull House)を設立する。アダムズも英国のトインビー・ホールを訪問し，それを学んで開設をした。

その特徴は，当時の慈善事業が道徳的欠陥のある人たちに上から慈善を施すというものとは明らかに異なっていた。知識人であるセツラー(セツルメント活動を行う人)と地域住民である労働者との平等の上に立ち，互いに学び合い，社会をよりよくするために努力しようというものであった。また，社会問題を個人の責任で解決をするのではなく，環境にその原因を求めることが前提であった。

2.3 ソーシャルワーカーの誕生

社会福祉の専門家であるソーシャルワーカーが誕生するのもヨーロッパからの大量の移民が米国に流れ込んでくる1900年前後の時期である。それは米国の産業化・工業化・都市化が進む過程でもある。英国ではなく，米国で社会福祉の専門家であるソーシャルワーカーが誕生したのは前述したハルハウスのアダムズの存在と，これから紹介する「ケースワークの母」と言われるメアリー・リッチモンド(Mary Richmond 1861-1928)の存在が大きいといえる。

1889年にリッチモンドは，ボルチモア慈善組織協会(Charity Organization Society of Balutimore)の会計補佐に採用され，1891年には総主事になる。1917年には『社会診断』を，1922年には『ソーシャルケースワークとは何か』(What Is Social Care Work?)を出版する。彼女は，「ケースワークとは，個別的に人間とその社会的環境との間に意識的に適応をもたらすことを通じてパーソナリティを発達せしめるところの過程から成り立っている」と述べている。

また，1898年には，ニューヨーク慈善組織協会が「応用博愛夏期学校」を開設し，彼女自身も1899年に講座を担当した。この夏期講習会は，やがてニューヨーク博愛事業学校，そして，コロンビア大学ソーシャルワーク大学院に発展する。こうして，慈善組織協会活動を中心とする慈善事業の発展は，慈善事業の組織化，科学科，専門職業化として米国における社会福祉の形成に大きく寄与することになる。

このようにリッチモンドの働きにより社会福祉の専門技術としてのケースワークが確立されることになる。

2.4　ニューディール政策　1933 年

第一次世界大戦後の米国は，「永遠の繁栄」と呼ばれる経済的状況の中で資本主義社会における指導的に地位にあった。しかし，1929 年のニューヨーク株式市場の大暴落に端を発し，30 年代には世界大恐慌に発展した。米国の社会福祉は，このような 1930 年代を象徴する大恐慌と，それがもたらした失業や貧困をはじめとする社会問題に対応するためには，これまでのような各州単位あるいは民間慈善団体等による救済では限界があり，国家的な社会制度の確立が求められるようになった。

1933 年 3 月，大恐慌の最中に就任したフランクリン・D・ルーズベルトは，ニューディール（新方式）による一連の施策によって不況と失業と経済のマヒ状態から米国を復興させることを宣言した。その内容は，① 公共事業を起こして労働者を吸収すること，② 救済事業のための補助金を州に交付すること，③ 多くの労働者を必要とする公共事業を生み出すこと，の 3 段階の計画を明らかにした。[7)]

2.5　社会保障法 (Social Security Act)

ニューディール政策の一環として整備され，社会保障制度の体系化されたものとして，社会保障法がある。それには 3 つの目的があり，① 失業保険制度の施行，② 老齢年金の提供，③ 視覚障害者，聴覚障害者，身体障害者，高齢者，養育児童に対する援助の実施，というものであった。①の失業保険制度は，②の老齢年金とは異なり州営方式を採用している。②の老齢年金は，連邦直営方式を採っている唯一の社会保険制度である。③の特別扶助と社会福祉サービスに対しては，一定の基準に基づき，連邦政府補助金を交付することにした。

1930年代に入り失業と貧困の増大に対するニューディール政策，社会保障法の制定により，ソーシャルワークはその実現を促進する役割を担うことになった。ケースワークをはじめとするグループワーク，コミュニティ・オーガニゼーションがソーシャルワークの方法として確立することになったのである。

1960年代に入ると，ベトナム戦争，ケネディ(J.F.Kennedy)大統領の暗殺によって社会不安が広がった。また，経済的な発展の陰に多くの貧困者の姿が存在することが明らかになった。これにより，これまでの公的扶助引き締め策の見直しが迫られることになった。1964年，ジョンソン(L.B.Johnson)大統領は，福祉政策の充実を訴え「貧困戦争」を宣言する。これにより教育事業，職業訓練，融資事業，ボランティア事業等の貧困対策を実施した。

1965年の社会保障法改正では，高齢者を対象としたメディケア(医療保険)と低所得者等を対象としたメディケイド(医療扶助)が創設された。そして，1974年に社会保障法「タイトルXX」(ソーシャル・サービス・プログラム)が制定され，所得保障と福祉サービスを分離させ，福祉サービスについては州政府が担うことになった。また，地域社会で生活するための個別的サービスを「パーソナル・ソーシャルサービス」として確立された。

しかし，結果として，連邦政府の財政赤字を増長させることになり，1980年に選挙に勝利したレーガン(R.Reagan)大統領は，1981年に「国防強化・福祉削減」の施政方針により，外交では「強い米国の再生」，内政では「小さな政府」策をとることになった。その後，1992年に誕生したクリントン(B.Clinton)政権では，連邦政府の赤字削減に向けて，福祉改革の実施を迫られることになった。「福祉から就労へ」という考え方がより一層鮮明となり，諸制度が改革されていった。米国における福祉政策は州政府への権限移譲，就労機会の拡大により財政赤字を解消する中央政府の「小さな政府」を一層加速させることになった。

その後，2008年に誕生したオバマ(B.F.Obama)政権により，これまで全国民を対象とした公的な医療保険制度が整備されなかったため，2010年に「医療保険制度改革法」(オバマケア)が成立した。しかし，制度導入のための増税や保険料の値上げ等に対する不満が高まることになった。その後，第45代米国合衆国大統領として誕生したドナルド・トランプ(D.J. Trump)によって，オバマケアの廃止や代替法案の成立を目指したが，議会によって否決されている。

また，現在，米国のボランタリー・セクター(NPO)は巨大で，非営利団体(NPO)の総数は，約150万団体である。米国の社会制度の特徴は，州によって制度や取り組みが異なることがあげられる。法人格の付与は州政府が行い，税制優遇の措置は連邦政府によって行われる。米国では，教会，大学，病院，私的財団等，多様な非営利組織が独創性のある多彩な活動を行っている。

2015年のボランティアの現状は，ボランティア参加率は24.9%

である。[8] 活動分野では宗教や教育分野が多い。ボランティア活動に関する制度としては，ボランティア活動を振興するための法律，ボランティア活動者を保護するための法律等が整備されている。これらの法律に基づいて，連邦政府はボランティア活動プログラムを積極的に展開している。その担当機関として，Corporation for National and Community Service がある。[9]

注

1) 岩田正美・武川正吾・永岡正巳・平岡公一編『社会福祉の原理と思想』有斐閣，1977 年，pp.50-51
2) 高島進『社会福祉の歴史』ミネルヴァ書房，1995 年，p.43
3) 右田紀久恵・高澤武司・古川孝順編『社会福祉の歴史』有斐閣，1977 年，pp.50-51
4) 大久保秀子『新　社会福祉とは何か　第 4 版』中央法規，2010 年，p.44
5) 内海成治・入江幸男・水野義之編『ボランティア学を学ぶ人のために』1999 年，p.250
6) 文部科学省『諸外国におけるボランティア活動に関する調査研究報告書』2007 年，p.8
7) 社会保障研究所編『アメリカの社会保障』東京大学出版会，1989 年，p.21
8) アメリカ合衆国労働省労働統計局（https://www.jave.jp　2024 年 5 月 3 日閲覧）
9) 文部科学省，前掲書，p.8

第4章　貧困問題について考える

現在，私たちが生活する社会では，「ネットカフェ難民」「コンビニ難民」「ワーキングプア」「フリーター」等という言葉は特に目新しいものではなくなってきている。厚生労働省が発表した2020（令和2）年10月の生活保護受給者数は，204万9,746人であった。65歳以上の高齢者世帯は90万2,899世帯。新型コロナウイルス感染拡大の影響による失業等により，今後も生活保護受給者が増えることが予想され，受給世帯の高齢化も進行している。

社会保障制度は，国民が広く失業・疾病・災害など各種の事故に対処するに足る何らかの所得を保障されて，少なくとも最低限度は経済的に生活安定を得ている状態を理念とするものであって，この目的達成のための公的政策上の主要な手段として社会保険と公的扶助とが存在する。つまり社会保障とは，社会保険および公的扶助の方法による全国民的な規模での経済的生活安定をいうものといえる[1)]。社会保障制度には，公的年金，医療，介護保険，子育て支援，生活保護，社会福祉，公衆衛生等がある。社会福祉は，これらの方策のひとつとして位置づけられるものである。

生活保護制度は，最後のセーフティーネットとも呼ばれ，他の社会保障制度では，生活の困窮が改善しない場合に適用されるものである。生活保護は，わが国の公的扶助の中核をなす制度であり，日本国憲法第25条に規定された，「健康で文化的な最低限度の生活を保障する」という生存権について，具体的に対処する制度であるといえる。

従来，貧困問題は，自然災害や伝染病，病気や加齢，個人の怠惰等が貧困の原因であると考えられていた。そのため，個人の勤勉や努力が求められ，宗教者や慈善家による救済等による最低限度の救貧活動が行われていたことは，社会福祉の歴史からもわかる。しかし，現在では，貧困の原因は，個人の怠惰ではなく労働条件の劣悪な環境，社会的・経済的要因，子育て期や高齢期等のライフサイクル等が複雑に絡み合って，個人や家族の生活環境を脅かすことが明らかになってきた。

わが国の社会保障の諸制度のうち，貧困問題に対応するものを所得保障ということができる。所得保障のうち主要な制度は，社会保険と公的扶助である。社会保険は，人々が貧困状態に陥るのを前もって防ぐ「防貧」を目指す制度であり，公的扶助は人々が貧困状態に陥った時に，そこから救い出すこと，つまり，「救貧」を目指す制度であるといえる。わが国では，この公的扶助にあたるものが生活保護制度である。そして，公的扶助には，次のような特徴がある。[2)]

① 財源は租税(税金)によって賄われていること
財源のかなりの部分を加入者が拠出する「社会保険」と対照的である。

② 公的扶助の基準として最低生活費を定めていること
公的扶助は，この基準を下回る収入しかない世帯に，基準と収入の差額を支給する。

③ 世帯が本当に貧困状態にあるかどうかを確認する調査(ミーンズテスト：資産調査)を行うこと。この調査は収入と試算に関して行われる。

第1節　生活保護制度について

1.1　目　　的

現代の日本における公的扶助にあたるものは，「生活保護制度」である。この制度は，「生活保護法」によって規定され，それが運用されて「生活保護行政」となる。「生活保護法」第1条で，この法律の目的について，「この法律は，日本国憲法第25条に規定する理念に基き，国が生活に困窮するすべての国民に対し，その困窮の程度に応じ，必要な保護を行い，その最低限度の生活を保障するとともに，その自立を助長することを目的とする。」とある。

この法律は，憲法第25条に明記されている「生存権的基本権」(健康で文化的な最低限度の生活を営む権利)を具体的に保障することだけではなく，生活困窮者の「自立を助長する」ことを目的とした法律である。生活保護における自立の概念について，厚生労働省は，「生活保護受給者に対する就労支援のあり方に関する研究会」(第5回)平成30年11月30日，参考資料1[3]で，以下のように示している。

生活保護における自立の概念

① 経済的自立 → 就労による経済的自立等

② 日常生活自立 → 身体や精神の健康を回復・維持し，自分で自分

の健康・生活管理を行うなど日常生活において自立した生活を送ること

③ 社会生活自立 → 社会的なつながりを回復・維持し，地域社会の一員として充実した生活を送ること

※「平成17年度における自立支援プログラムの基本方針について」において定義

この定義では，経済的自立のみを重視するのではなく，自分で自身の健康・生活管理を行うことや，社会的なつながりをもって地域社会で生活を送れるようにすることも自立の概念に含まれていることがわかる。

1.2 生活保護の原理

(1) 国家責任の原理

前述した「生活保護法」第1条にも見られるように，「国」が全国民に対して最低限度の生活を保障する責任があることを明記している。この考え方の根拠は，日本国憲法第25条第2項「国は，すべての生活部面について，社会福祉，社会保障及び公衆衛生の向上及び増進に努めなければならない」である。

また，保護の申請や受給をする者の権利として「生活保護法」では不服の申し立てが認められている。具体的には，都道府県知事に対する審査請求と，その結果に不服な場合には，厚生労働大臣への再審査請求や行政訴訟が可能となっている。

(2) 無差別平等の原理

「生活保護法」第2条には，「すべて国民は，この法律の定める要件を満たす限り，この法律による保護を，無差別平等に受けることができる」とある。無差別平等とは，生活困窮者の性別，信条，社会的身分等によって差別的な取り扱いがなされないこと，また，生活が困窮に陥った理由によっては差別されないことを意味している。現在，生活が困窮しているという経済状態によってのみ保護の可否が判断される。

国民には保護を請求する権利があり，すべての国民は保護請求権をもつ。旧生活保護法(旧法)でも無差別平等の保護は規定されていたが，保護請求権は，認められていなかった。この点で，旧法と現行生活保護法は決定的に異なるといえる。

(3) 最低生活保障の原理

「生活保護法」第3条では，「この法律により保障される最低限度の生活は，健康で文化的な生活水準を維持することができるものでなければならない」と規定される。「健康で文化的な生活」とは，「一個の社会人として生活するために必要なものはすべて」含まれた生活のことである[4)]。

「生活保護法」が保障する最低生活とは，日本国憲法第25条に規定されている「健康で文化的な生活水準」を維持できるものとするということを示す原理であるといえる。しかし，その具体的な内容は，固定的なものではなく流動的であり絶えず向上していくものである[5)]。

(4) 補足性の原理

「生活保護法」第4条第1項では，「保護は，生活に困窮する者が，その利用し得る資産，能力その他あらゆるものを，その最低限度の生活の維持のために活用することを要件として行われる。」とある。第2項で，「民法(明治29年法律第89号)に定める扶養義務者の扶養及び他の法律に定める扶助は，すべてこの法律による保護に優先して行われるものとする」と定めている。

保護を希望する者は，まずその資産(土地や家屋等)や労働能力，社会保険の給付等，法律による手当や貸付制度等の活用できる能力や制度がないかどうかの確認が行われる。また，扶養義務者による扶養が可能であるかどうかについても調査が行われることになる。

1.3　生活保護実施の4原則

(1) 申請保護の原則 (生活保護法第7条)

生活保護法第7条では，「保護は，要保護者，その扶養義務者又はその他の同居の親族の申請に基いて開始するものとする。但し，要保護者が急迫した状況にあるときは，保護の申請がなくても，必要な保護を行うことができる」とある。これは，生活保護は申請主義をとっていること，および要保護者が急迫した場合は，実施機関の職権による保護が可能であるとした原則である。

(2) 基準および程度の原則 (生活保護法第8条)

生活保護法第8条第1項では，「保護は，厚生労働大臣の定める基準により測定した要保護者の需要を基とし，そのうち，その者の金銭又は物品で満たすことのできない不足分を補う程度において行うものとする」とある。

第2項では，「前項の基準は，要保護者の年齢別，性別，世帯構成別，所在地域別その他保護の種類に応じて必要な事情を考慮した最低限度の生活の需要を満たすに十分なものであつて，且つ，これをこえないものでなければならない」とある。

この原則に基づき，厚生労働大臣は，生活保護が保障する基準（保護基準）を定めている。これは，生活保護には国民が最低限度の生活需要を満たしているかどうかを判定する保護基準と，保護費の基準があるとする原則である。生活保護基準は，要保護者の年齢，世帯構成，所在地等によって定められていて，生活保護基準と収入との不足分をその要保護者に必要な生活保護費と認定して支給される。

(3) 必要即応の原則（生活保護法第９条）

生活保護法第９条は，「保護は，要保護者の年齢別，性別，健康状態等その個人又は世帯の実際の必要の相違を考慮して，有効且つ適切に行うものとする」とある。これは生活保護の運用は，画一的，機械的な制度運用になることを避け，個々の要保護者の状況を考慮し柔軟に実施できるようにしたものである。

(4) 世帯単位の原則（生活保護法第 10 条）

生活保護法第 10 条は，「保護は，世帯を単位としてその要否及び程度を定めるものとする。但し，これによりがたいときは，個人を単位として定めることができる。」とする。この世帯単位の原則は，保護の要否と程度については世帯を単位として決定する。ここで「世帯」とは，「収入及び支出，即ち，家計を一つにする消費生活上の一単位」を意味している[6)]。しかし，やむを得ない場合に限り，同一世帯から個人を単位として生活保護をする場合もある。この措置を「世帯分離」と呼ぶ。

1.4　生活保護の種類

生活保護には，生活扶助，教育扶助，住宅扶助，医療扶助，介護扶助，出産扶助，生業扶助，葬祭扶助の 8 種類の扶助がある。保護は要保護者の必要に応じて，1 種類だけの扶助（単給）と 2 種類以上の扶助（併給）が行われる場合がある。また，保護を実施する方法としては，金銭の給付，貸与によって保護を行う「金銭給付」と，物品の給与，貸与，その他金銭給付以外の方法で保護を行う「現物給付」がある。

(1) 生活扶助 (第 12 条)

生活扶助は，困窮のため最低限度の生活を維持することのできない者に対して，左（下記）に掲げる事項の範囲内において行われる。左に揚げる事項の範囲は，

1. 衣食その他日常生活の需要を満たすために必要なもの
2. 移送

としている。生活扶助は原則として居宅において金銭給付を行い，保護金品は 1 か月分を世帯主またはこれに準ずる者に対して前渡しされる（第 30，31 条）。

(2) 教育扶助 (第 13 条)

教育扶助は，困窮のため最低限度の生活を維持することのできない者に対して，左（下記）に掲げる事項の範囲内において行われる。

左（下記）に揚げる事項の範囲は，

1. 義務教育に伴って必要な教科書その他の学用品
2. 義務教育に伴って必要な通学用品
3. 学校給食その他義務教育に伴つて必要なもの

としている。教育扶助は，原則として金銭給付によることとされている。通常は生活扶助と併せて支給される。支給先は，被保護者，親権者の他，学校長に対しても公布することができる(第 32 条)。(下線は筆者注)

(3) 住宅扶助 (第 14 条)

住宅扶助は，困窮のため最低限度の生活を維持することのできない者に対して，住居，補修その他住宅の維持のために必要なもの，の範囲内において行われる。住宅扶助は，金銭給付によって行うものとする。但し，これによることができないとき，これによることが適当でないとき，その他保護の目的を達するために必要があるときは，現物給付によって行うことができる(第 33 条)。

(4) 医療扶助 (第 15 条)

医療扶助は，困窮のため最低限度の生活を維持することのできない者に対して，① 診察，② 薬剤又は治療材料，③ 医学的処置，手術及びその他の治療並びに施術，④ 居宅における療養上の管理及びその療養に伴う世話その他の看護，⑤ 病院又は診療所への入院及びその療養に伴う世話その他の看護，⑥ 移送，の範囲内において行われる(第 15 条)。

医療扶助は，現物給付によって行うものとする。但し，これによることができないとき，これによることが適当でないとき，その他保護の目的を達するために必要があるときは，金銭給付によって行うことができる。現物給付のうち，医療の給付は，医療保護施設を利用させ，又は医療保護施設若しくは第 49 条の規定により指定を受けた医療機関にこれを委託して行うものとする(第 34 条)。

(5) 介護扶助（第 15 条の 2）

介護扶助は，困窮のため最低限度の生活を維持することのできない要介護者（介護保険法（平成 9 年法律第 123 号）第 7 条第 3 項）に対して行われる。介護扶助の範囲は，① 居宅介護（居宅介護支援計画に基づき行うものに限る。），② 福祉用具，③ 住宅改修，④ 施設介護，⑤ 介護予防（介護予防支援計画に基づき行うものに限る），⑥ 介護予防福祉用具，⑦ 介護予防住宅改修，⑧ 介護予防・日常生活支援（介護予防支援計画又は介護保険法第 115 条の 45 第 1 項第 1 号 2 に規定する第 1 号介護予防支援事業による援助に相当する援助に基づき行うものに限る。），⑨ 移送，である。

介護扶助は，現物給付によって行うものとする。ただし，これによることができないとき，これによることが適当でないとき，その他保護の目的を達するために必要があるときは，金銭給付によって行うことができる（第 34 条の 2）。

(6) 出産扶助（第 16 条）

出産扶助は，困窮のため最低限度の生活を維持することのできない者に対して，① 分娩の介助，② 分娩前及び分娩後の処置，③ 脱脂綿，ガーゼその他の衛生材料，の範囲内において行われる。出産扶助は，金銭給付によって行うものとする。但し，これによることができないとき，これによることが適当でないとき，その他保護の目的を達するために必要があるときは，現物給付によって行うことができる（第 35 条）。

(7) 生業扶助（第 17 条）

生業扶助は，困窮のため最低限度の生活を維持することのできない者又はそのおそれのある者に対して，① 生業に必要な資金，器具又は資料，② 生業に必要な技能の修得，③ 就労のために必要なもの，の範囲内において行われる。但し，これによって，その者の収入を増加させ，又はその自立を助長することのできる見込のある場合に限る。生業扶助は，金銭給付によって行うものとする。但し，これによることができないとき，これによることが適当でないとき，その他保護の目的を達するために必要があるときは，現物給付によって行うことができる(第36条)。

(8) 葬祭扶助 (第18条)

葬祭扶助は，困窮のため最低限度の生活を維持することのできない者に対して，① 検案，② 死体の運搬，③ 火葬又は埋葬，④ 納骨その他葬祭のために必要なもの，の範囲内において行われる。葬祭扶助は，金銭給付によって行うものとする。但し，これによることができないとき，これによることが適当でないとき，その他保護の目的を達するために必要があるときは，現物給付によって行うことができる(第37条)。葬祭扶助のための保護金品は，葬祭を行う者に対して交付するものとする(第37条の2)。

1.5　保護施設

生活保護制度は，居宅での保護を原則としているが，保護施設や老人ホーム等に入所した状態で保護を行うことも可能である。保護施設には，入所施設として「救護施設」「更生施設」，通所施設として，「授産施設」，利用施設として，「医療保護施設」「宿所提供施設」の5種類の施設がある。

1.6　生活保護の実施機関

生活保護の決定と実施に関する権限は，都道府県知事，市長，「福祉事務所」を実施する町村の長が有している。多くの場合，「福祉事務所」の長に権限が委任されている。「福祉事務所」は，生活保護を担当する第一線の行政機関として，要保護者に対する保護を行っている。2022(令和4)年4月現在，全国に1,250か所あり，「社会福祉法」により，福祉事務所内に所長，査察指導員，現業員，事務職員が配置されている。

生活保護の業務は「社会福祉主事」の資格を有する現業員(地区担当員，ケースワーカー)が担当している。現業員は，市町村設置の福祉事務所については被保護世帯80世帯に対して1人，都道府県設置の福祉事務所については60世帯に対して1人を標準として配置されている。

1.7　生活保護の手続き

生活保護の手続きは，原則として以下のように行う[7)]。

(1) 事前の相談

生活保護制度の利用希望者は，居住地域を所管する福祉事務所の生活保護担当まで足を運び，生活保護制度の説明を受け，生活福祉資金，各種社会保障施策等の活用について検討する。

(2) 保護の申請

生活保護の申請者に対しては，保護の決定のために次のような調査を実施する。

・生活状況等を把握するための実地調査(家庭訪問等)

・預貯金，保険，不動産等の資産調査
・扶養義務者による扶養(仕送り等の援助)の可否の調査
・年金等の社会保障給付，就労収入等の調査
・就労の可能性の調査

(3) 保護費の支給

・厚生労働大臣が定める基準に基づく最低生活費から収入(年金や就労収入等)を引いた額を保護費として毎月支給する。
・生活保護の受給中は，収入の状況を毎月申告することになる。
・世帯の実態に応じて，福祉事務所のケースワーカーが年数回の訪問調査を行う。
・就労の可能性のある被保護者については，就労に向けた助言や指導を行う。

第２節　生活保護の動向

2.1　被保護人・保護率・年齢階級別被保護人員・扶助の種類別受給人員の状況

被保護人員(生活保護受給者数)の動きは，社会情勢や経済情勢などの社会変動に対応して推移する傾向が強い。被保護実人員の傾向を概観してみると，経済好況期であった1985(昭和60)年度以降は減少傾向で推移していたが，1996(平成8)年度後半からは増加に転じた。以後は大幅な増加傾向で推移し，2014(平成26)年度には約217万人と現行制度下での過去最高となったが，2015(平成27)年度以降は多少の増減はあるものの，全体として減少傾向となっている。

2020(令和 2)年度は 205 万 2,114 人となり，国民の約 60 人に 1 人が受給している計算になる。

保護率を人口百人に対する被保護人員で表し，全国平均の推移をみると，1975(昭和 50)年度から 1984(昭和 59)年度までは 1.20〜1.24%とほぼ横ばいで推移した後，1985(昭和 60)年度からは低下を続け，1995(平成 7)年度の 0.70%を底に上昇に転じ，2020(令和 2)年度は，1.63%となっている。

年齢階級別に保護率の推移をみると，1985(昭和 60)年以降は景気の好況などの影響もあって全体的に低下傾向を示し，1996(平成 8)年において，すべての年齢層において過去最低の保護率となった。1997(平成 9)年以降は，すべての年齢層において上昇に転じていたが，2019(令和元)年においては 0〜14 歳が 0.961%，15〜59 歳が 1.012%，60 歳以上が 2.805%と低下している。

扶助の種類別受給人員の状況をみると，生活扶助人員は被保護実人員全体の傾向と同様の傾向であるが，住宅扶助人員は大都市とその周辺における被保護実人員の増加に伴い，1975(昭和 50)年度以降被保護実人員に占める割合は増加傾向にある。

2.2 被保護世帯数・世帯人員別世帯数・世帯類型別世帯数・扶助別受給世帯の状況

被保護実世帯数(保護停止中の世帯も含む)は 2020(令和 2)年度で総数約 164 万世帯となっている。世帯数の推移をみると，1984(昭和 59)年度の 79 万世帯をピークに減少傾向で推移してきたが，1993(平成 5)年度からは増加に転じている。世帯人員が減るに従って被保護世帯数は多くなっており，2019(令和元)年は単身者世帯81.5%，2人世帯13.3%と，少人数世帯が全体の9割を占める。とりわけ単身者世帯の割合が高い。

被保護世帯の平均世帯人員は，1975(昭和50)年に1.91人であったものが，2019(令和元)年は1.27人となっている。世帯の少人数化は，一般世帯においても同様にみられる現象であるが，それと比較しても被保護世帯における少人数世帯の割合は圧倒的に高く，世帯類型別世帯数の状況とあいまって，被保護世帯の置かれている状況を如実に示しているといえる。

高齢者世帯の総数に占める割合が半数以上まで増加していること，また，高齢者世帯に占める単身世帯の割合が高くなってきていることから，今後の一般高齢者人口の急速な増加傾向を考えると，単身の高齢者世帯の割合がさらに増加すると考えられる。また，2007年のサブプライムローン問題を初めとした世界金融危機後，その他の世帯の割合が大きく上昇している。

世帯類型別の世帯保護率(百世帯当たり)をみると，高齢者世帯は，1975(昭和50)年に14.41%の高率を示して以降は減少傾向であったが，2005(平成17)年度以降は増加傾向に転じ，2019(令和元)年度は6.03%となっている。母子世帯については，2019(令和元)年度の世帯全体の保護率3.14%に対し，12.58%と著しく高く，母子世帯の家計基盤の脆弱さを示している。

保護の受給開始別世帯数の推移をみると，全体としては保護受給期間が長期化する傾向がみられる。受給期間が10年以上の世帯の割合は，2019(令和元)年には33.3%であり，5～10年の世帯と合わせると総数の約6割となっている。これは，高齢者世帯と傷病・障害者世帯における受給期間の長期化傾向の影響によるものである。特に高齢者世帯は5年以上の受給期間となっている世帯が，2019(令和元)年で69.7%となっている。

扶助の種類別に扶助率をみると，2020(令和2)年度には，生活扶助87.0%，医療扶助87.7%，住宅扶助85.3%となっている。

2.3 保護の開始・廃止とその理由

2017(平成29)年度以降，人員のみ保護の開始が廃止を上回っていたが，2020(令和2)年度は世帯数，人員とも開始が上回っている。保護開始の主な理由をみると，世界金融危機後，貯金等の減少・喪失と働きによる収入の減少・喪失が大きく増加しており，2020(令和2)年度においては，貯金等の減少・喪失が40.9%，働きによる収入の減少・喪失が22.3%，傷病によるが19.2%となっている。

保護の廃止の理由をみると，死亡が45.5%，働きによる収入増が13.8%，失踪5.1%などが多い，一方，傷病を理由として保護を開始する世帯が約20%を占めるのに対して，その傷病の治癒によって被保護世帯から自立していく世帯は保護廃止世帯数の1%に満たない。保護の開始時における世帯類型をみてみると，高齢者世帯が37.4%，母子世帯が4.5%，傷病者・障害者世帯が23.3%，その他の世帯が34.8%となっている。

保護の廃止時における世帯類型をみてみると，高齢者世帯が55.8%，母子世帯が4.3%，傷病者・障害者世帯が19.2%，その他の世帯が20.7%となっている。

第 3 節　低所得者に対する法制度

低所得者対策は，被保護者以外の低所得者に対しても，生活維持を支えるための各種制度が用意されている。低所得者層は，生活保護基準と同等か，あるいはそれに近い所得水準に位置づけられており，場合によっては生活保護基準以下に陥るリスクを常にもっているといえる。低所得者対策は，医療，住宅，生業等その支援は多岐にわたっている。最低生活を維持するための低所得者に対する施策は特に重要である。

3.1　生活困窮者自立支援法

2012（平成 24）年 7 月に厚生労働省は「生活支援戦略（中間まとめ）」をとりまとめた。その中で基本的な認識として，以下のことをあげている。[8)]

○近年の社会経済環境の変化に伴い，経済的困窮や社会的孤立の状態にある生活困窮者をめぐる問題が深刻化している。

○生活保護受給者は，2011（平成 23）年 7 月に過去最高を更新して以降毎月増加しており，その中では稼働層の受給者が急増する一方で，高齢化に伴い高齢者世帯も増加している。

○年収 200 万円未満の給不所得者の割合や非正規労働者の割合が増加するなど，生活保護に至るリスクのある経済的困窮状態にある人が増加するとともに，複合的な課題を抱え，社会的孤立状態にある人の問題も大きな課題になっている。

さらに，この報告書では，3つの基本的視点(① 本人の主体性と多様性を重視する。②「早期対応」による「早期脱却」と「貧困の連鎖」の防止を図る。③ 国民の信頼に応えた生活保護制度を構築する。)をあげ，改革の方向性として，現に生活困窮者支援を担っている現場関係者の意見を十分に踏まえ，新たな生活困窮者支援体系の確立と生活保護制度の見直しに総合的に取り組み，就労可能な人が生活保護に頼る必要がないようにするとともに，生活困窮から「早期脱却」できるよう，重層的なセーフティネットを構築することが提言された。

その後，2012(平成24)年に厚生労働省社会保障審議会に「生活困窮者の生活支援の在り方に関する特別部会」を設置し，翌2013年1月25日に特別部会報告書が提出された。この報告書では，生活困窮者が「最後のセーフティネット」である生活保護受給に至る前に，予防的に「第2のセーフティネット」として支援制度が設置されることとなり，2013(平成25)年12月13日，生活保護法の改正とあわせて「生活困窮者自立支援法」が制定され，2015(平成27)年4月1日に施行された。

(1) 生活困窮者自立支援法の理念

生活困窮者自立支援法の理念に関する規定は，第2条に次のように定められている。

(基本理念)

第2条　生活困窮者に対する自立の支援は，生活困窮者の尊厳の保持を図りつつ，生活困窮者の就労の状況，心身の状況，地域社会からの孤立の状況その他の状況に応じて，包括的かつ早期に行われなければならない。

2　生活困窮者に対する自立の支援は，地域における福祉，就労，教育，住宅その他の生活困窮者に対する支援に関する業務を行う関係機関(以下単に「関係機関」という。)及び民間団体との緊密な連携その他必要な支援体制の整備に配慮して行われなければならない。

また，第3条の(定義)では，この法律において「生活困窮者」とは，就労の状況，心身の状況，地域社会との関係性その他の事情により，現に経済的に困窮し，最低限度の生活を維持することができなくなるおそれのある者をいう，としている。

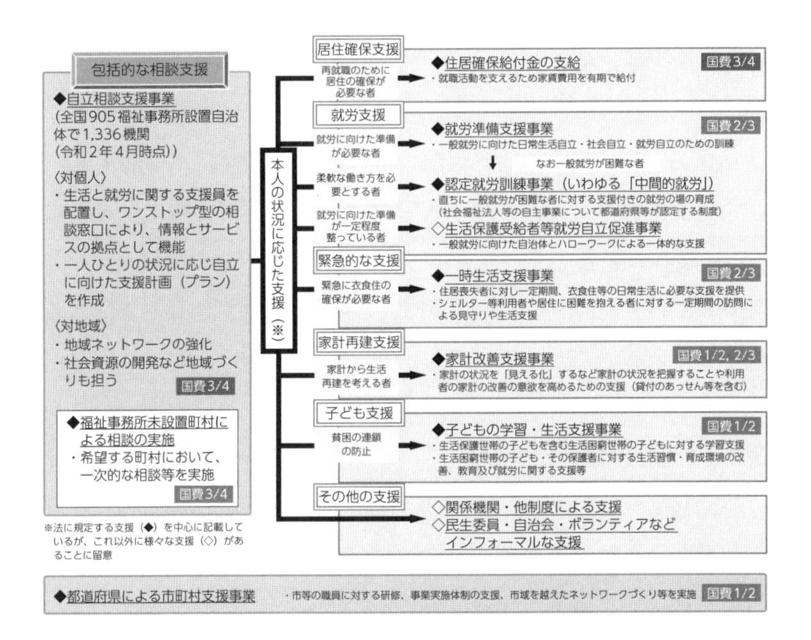

図4-1　生活困窮者自立支援制度の概要

(出典)厚生労働省ホームページ「障害者自立支援制度の概要」(https://www.mhlw.go.jp/stf/wp/hakusyo/kousei/20/backdata/4-3-1.html　2024年5月3日閲覧)

2018(平成 30)年6月の法改正では，改正趣旨として，「生活困窮者等の一層の自立の促進を図るため，生活困窮者に対する包括的な支援体制の強化，生活保護世帯の子どもの大学等への進学支援，児童扶養手当の支払回数の見直し等の措置を講ずるほか，医療扶助における後発医薬品の原則化等の措置を講ずる。」としている[9)]。

具体的には，生活困窮者に対する包括的な支援体制の強化として，就労準備支援事業と家計改善支援事業を実施する努力義務(改正法7条1項)と，厚生労働大臣がこれらの事情の指針を公表すること(改正法7条5 項)が規定された。そして，両事業が効果的効率的に行われている場合には，家計改善支援事業の 国庫補助率を2分の1から3分の2に引き上げることとされた(改正法 15 条4項)。

また，子どもの学習支援事業の強化として，学習支援のみならず，生活習慣・育成環境の改善に関する助言等も追加し，「子どもの学習・生活支援事業」として強化すること，居住支援の強化(一時生活支援事業の拡充)として，シェルター等の施設退所者や地域社会から孤立している者に対する訪問等による見守り・生活支援を創設する等としている。

3.2 生活福祉資金貸付制度

生活福祉資金貸付制度とは，社会福祉法第2条第2項第7号により，第1種社会福祉事業である「生計困難者に対して無利子又は低利で資金を融通する事業」である。「生活福祉資金(福祉資金及び教育支援資金)貸付制度の運営について」(各都道府県知事・各指定都市市長あて厚生労働省社会・援護局長通知，平成 21 年7月 28 日)(社援発 0728 第 13

号)に基づき，本付制度は，都道府県社会福祉協議会を実施主体として，県内の市区町村社会福祉協議会が窓口となって実施している。

低所得世帯，障害者世帯，高齢者世帯等世帯単位に，それぞれの世帯の状況と必要に合わせた資金，たとえば，就職に必要な知識・技術等の習得や高校，大学等への進学，介護サービス利用のための資金貸付け等を行う。本貸付制度は，資金の貸付けによる経済的な支援だけではなく，地域の民生委員が都道府県社協・市町村社協等と連携・協力をしながら相談支援等も積極的に行っている。

表 4-1　貸付対象世帯

低所得者世帯	必要な資金を他から借り受けることが困難な世帯（市町村民税非課税程度）
障害者世帯	身体障害者手帳，療育手帳，精神障害者保健福祉手帳の交付を受けた者が属する世帯
高齢者世帯	日常生活上療養又は介護を要する 65 歳以上の高齢者の属する世帯
失業者世帯	生計中心者の失業により生計の維持が困難となった世帯

(出典)厚生労働省ホームページ(https://www.mhlw.go.jp/seisaku/28.html　2024 年 8 月 30 日閲覧)

2009(平成 21)年度には，厳しい経済・雇用情勢の中で，離職者が再就職の実現に取り組むことができるよう，生活や住宅の支援を行う新たなセーフティネットが拡充された。この新たなセーフティネットの一環であり，雇用施策を補完する取り組みとして，「住宅手当緊急特別措置事業」「臨時特例つなぎ資金貸付事業」の創設とともに，「生活福祉資金貸付事業」が見直された。その見直しのポイントは，上記のとおりである[10](表 4-1)。

(1) 資金種類等の整理・統合

現行 10 種類の資金種類を 4 種類に統合し，ニーズに応じた柔軟な貸付を実施できるようにした。

(2) 総合支援資金の創設

失業や減収等により生活に困窮している者について，継続的な相談支援とあわせて，生活費及び一時的な資金の貸付を行うことにより生活の立て直しを支援する。

〔総合支援資金の貸付内容〕

・生活支援費（2 人以上の世帯：20 万円以内／月，単身世帯：15 万円以内／月）

生活再建までの間に必要な生活費(最長 1 年間)。

・住宅入居費（40 万円以内）

敷金・礼金等住宅の賃貸契約を結ぶために必要な費用。

・一時生活再建費（60 万円以内）

生活再建のため一時的に必要かつ日常生活費で賄うことが困難な費用(就職活動費，技能習得費，債務整理手続費用等)。

(3) 連帯保証人要件の緩和

原則連帯保証人を必要としつつ，連帯保証人を確保できない方に対しても，貸付を行えるようにする。

(4) 貸付利子の引き下げ

利子について，現行の年 3%から無利子又は引き下げを行う。

・連帯保証人を立てる場合：無利子

・連帯保証人を立てない場合：年 1.5%に引き下げ

(注)資金種類によって，例外がある。

総合支援資金の貸付には，公共職業安定所(ハローワーク)や自治体等との連携・調整が必要となる。2009(平成21)年度からは，都道府県社協及び市町村社協に相談員を配置し，民生委員とともに借受け世帯への相談支援その他の業務にあたることができるようになった。さらに，2015(平成27)年４月「生活困窮者自立支援法」では，生活困窮者自立支援法に基づく各事業と連携し，生活困窮者の自立促進を図ることが生活福祉資金貸付制度要項に明記されることになった。

また，2020(令和2)年度においては，新型コロナウイルス感染症の発生による休業や失業等により，一時的又は継続的に収入減少した世帯を対象として，生活福祉資金貸付制度における総合支援資金［生活支援費］及び福祉資金［緊急小口資金］について特例措置を設けている。

3.3　ホームレスの自立支援

ホームレス問題が社会問題として取り上げられるようになり，政府は1999(平成11)年に「ホームレス問題連絡会議」を設置し，同会議で本格的にホームレス対策に乗り出すようになった。

同年２月12日に出された「ホームレス問題に対する当面の対応策について」の中では，「ホームレス」の定義について，以下のように記している[11)]。

いわゆる「ホームレス」の厳密な定義は困難であるが，ここでは，失業，家庭崩壊，社会生活からの逃避等さまざまな要因により，特定の住居を持たずに，道路，公園，河川敷，駅舎等で野宿生活を送っている人々を，その状態に着目して「ホームレス」と呼ぶこととする。

ここでは，「ホームレス」を単なる住居がない状態に限定することなく，経済状況，雇用，家族，地域といった問題が複雑に絡みあった結果生じた貧困問題としてとらえていることがわかる。その後，2002（平成 14）年には「ホームレスの自立の支援等に関する特別措置法」（ホームレス自立支援法）が 10 年間の時限立法として制定，施行された。同法第 1 条では，この法の目的について，以下のように示している。

> この法律は，自立の意思がありながらホームレスとなることを余儀なくされた者が多数存在し，健康で文化的な生活を送ることができないでいるとともに，地域社会とのあつれきが生じつつある現状にかんがみ，ホームレスの自立の支援，ホームレスとなることを防止するための生活上の支援等に関し，国等の果たすべき責務を明らかにするとともに，ホームレスの人権に配慮し，かつ，地域社会の理解と協力を得つつ，必要な施策を講ずることにより，ホームレスに関する問題の解決に資することを目的とする。

第 2 条の「ホームレスの定義」では，「都市公園，河川，道路，駅舎その他の施設を故なく起居の場所とし，日常生活を営んでいる者をいう。」としている。また，第 3 条では，ホームレスの自立支援については，雇用，住宅，保健・医療，福祉等の各分野の総合的な取り組みが必要であることが明記されている。

ホームレス自立支援法に基づき，2003(平成15)年１月から２月にかけてホームレスの実態に関する全国調査が実施された。この結果を踏まえ，同年７月に「ホームレスの自立の支援等に関する基本方針」が厚生労働大臣と国土交通大臣により策定され，雇用・保健医療・福祉等の各分野にわたって施策が総合的に展開されてきた。

基本方針は，2018(平成30)年７月に有効期間が満了し，新たな基本法方針が同年８月に策定されている。また，ホームレス自立支援法は，2017(平成29)年６月には，議員立法により，さらに10年間延長する改正法案が国会に提出され，可決成立した。

第４節　貧困問題に関する一考察

生活保護制度は，時代に即した制度となるように改正が行われてきた。2004(平成16)年，社会保障制度審議会「生活保護制度の在り方に関する専門委員会報告書」の中で，制度見直しの基本的視点として，次のように示されている。[12)]

本委員会は，「利用しやすく自立しやすい制度へ」という方向の下に検討を進めてきた。すなわち，生活保護制度の在り方を，国民の生活困窮の実態を受けとめ，その最低生活保障を行うだけでなく，生活困窮者の自立・就労を支援する観点から見直すこと，つまり，被保護世帯が安定した生活を再建し，地域社会への参加や労働市場への「再挑戦」を可能とするための「バネ」としての働きを持たせることが特に重要であるという視点である。

現代社会は，きわめて変化の激しい時代であるといえる。貧困問題に目を向けると，近年では生活保護世帯数は増加しているが，一方で財源不足の中で生活保護の受給要件がさらに厳しくなるという負のスパイラルが生じてきている。本当に生活保護を必要としている生活困窮者に保護が行われているのか，生活保護の不正受給等の問題がマスコミ等で取り上げられることも多い。生活保護制度にはさまざまな問題が指摘されているのも事実である。

今後，生活保護制度について考えなくてはならないことは，小手先だけの改革ではなくて，本質的な議論が必要であると考える。具体的には，以下のことについて今一度，問い直していくことが重要である。

第 1 に，現代における生活保護法制度について今一度，考えることが重要となる。

生活保護法の目的は，日本国憲法第 25 条の「すべて国民は，健康で文化的な最低限度の生活を営む権利を有する」と規定しているが，この憲法の規定する「生存権」の保障を国が実体的に具現するためのひとつとして規定されたのが生活保護法である。生活保護法は，生活に困窮する国民は健康で文化的な最低生活が保障されることを権利として認めているだけではなく，これらの人々の自立の助長も積極的に図っていくことをも目的としている。

社会福祉における「自立」の意味は，必ずしも経済的自立だけではない。しかし，現在の生活保護法制度のいう「自立」についての概念が就労による経済的自立に偏る傾向があることは否定できない。もちろん，一人で生活することのできる収入を得ることは社会的自立を行う上で重要な要因となることは理解できる。しかし，前述したように，生活保護を受給している被保護世帯の世帯類型の多くは，高齢者，傷病・障害世帯である。

世帯類型別世帯業態（労働力類型）では，2018（平成30）年度で稼働世帯が15.7％，非稼働世帯が84.3％となっている。また，保護の廃止理由について最も多いのは「死亡」（41.5％）が最も多く，「働きによる収入の増加・取得」（17.2％）となっている。このことから現在の生活保護制度は，この「働きによる収入の増加・取得」を増やし，生活保護制度からの脱却を目指したものであるということができる。

現在の生活保護制度は，大きく「雇用政策」と「福祉政策」に分けることができる。就労支援をきちんと行うことで，稼動能力のある人を元の社会に復帰させることは重要な支援であるが，最後のセーフティネットである生活保護制度は，さまざまなハンディキャップをもった人々の生活を保護するということも生活保護制度の本来の目的であるともいえる。「雇用政策」と「福祉政策」のどちらかに偏ることなく現在の生活保護制度をどのような制度にしたらよいのかということを今一度，問い直していくことが重要であると考える。

第２に，「スティグマ」の問題がある。

「スティグマ」（stigma）とは，従来，奴隷や犯罪者を容易に見分けるために身体に刻みこまれた焼印を意味した。その後，汚名や屈辱を意味する言葉となった。貧困問題を考える上で，貧困であること自体が「恥ずかしいこと」，あるいは，公的な福祉制度（生活保護）を受けることが「社会に迷惑をかけること」として理解される。そのことにより，公私問わず貧困問題に関するサービスを受けることが，貧困者にとって自分を取り巻く人々からの差別や偏見につながり，多くの人々にとって救済制度を活用することに対する強い抵抗感となり，結果として，貧困問題を解決するために用意されている各種福祉サービスを受けることの足かせとなってしまう。

「スティグマ」の問題は，現代にとって，とても根深い問題であると考える。たとえば，「貧困」に陥ったのは，他の誰でもない，その人自身の問題であると考えてしまう傾向が現在でも決して少なくない。つまり，「貧困問題」を不況，低賃金，長時間労働，教育格差，事故，病気等の「社会的要因」として捉えるのではなく，怠惰，素行，能力等のその人個人の責任（「個人的要因」）によってのみ引き起こされたと理解してしまうのである。そのことは，一般の人々だけの問題ではない。

社会福祉の専門職である社会福祉士・精神保健福祉士・介護福祉士等にとっても決して例外ではない。スティグマは社会福祉サービスおよびサービスの受給者に好ましくない影響を与えるだけでなく，サービスの実施機関，たとえば福祉事務所とそこに働く人々に対しても重大な影響を与えることを指摘する研究もある[13)]。

また，精神障害者に関する研究ではあるが，ソーシャルワーカーのスティグマが抑制される要因として，精神障害者の権利擁護に関する教育が重視されていることや，クライアントの退院支援や地域移行を職務とする職業特性をあげていることから[14)]，生活困窮者に対するスティグマを抑制する意味でも社会福祉専門職養成過程がスティグマを軽減する要因のひとつと考えることができる。

第３に，福祉事務所の機能と役割の充実である。

生活保護制度の保護の実施機関は，都道府県知事・市長・福祉事務所を管理する町村長となっているが，実際の実施事務は，「福祉事務所長」に委任されている。福祉事務所は，社会福祉法14条で，「福祉に関する事務所」と規定されている。生活保護法をはじめとする福祉各法に定められている保護，育成または更生の措置に関する業務を行う第一線の総合的な社会福祉行政機関に位置づけられる。生活保護制度においては，生活保護の決定・実施等を行っている。現在の福祉事務所は，さまざまな社会福祉制度の新設・改変を経て，行政事務にかかわる業務が増加していることもあり，対人援助サービス業務の比重が相対的に低下しているとの指摘がなされている。[15)]

注

1）阿部志郎・三浦文夫・仲村優一編『社会福祉教室』有斐閣，1977年，p.148
2）一番ケ瀬康子編著『新・社会福祉とは何か』ミネルヴァ書房，1990年，p.51
3）厚生労働省ホームページ（https://www.mhlw.go.jp/content/12201000/000466380.pdf　2024年5月3日閲覧）
4）小山進次郎『改訂増補　生活保護法の解釈と運用』中央社会福祉協議会，1950年，p.116
5）同上書，pp.115-117
6）小山進次郎，前掲書，p.220
7）厚生労働省ホームページ「生活保護制度」（https://www.mhlw.go.jp/stf/seisakunitsuite/bunya/hukushi_kaigo/seikatsuhogo/seikatuhogo/index.html　2024年5月3日閲覧）
8）厚生労働省ホームページ「生活支援戦略」中間まとめ，厚生労働省，2012（平成24）年7月5日（https://www.mhlw.go.jp/stf/shingi/2r9852000002fjpt-att/2r9852000002fjtq.pdf　2024年5月3日閲覧）
9）厚生労働省ホームページ「生活困窮者等の自立を促進するための生

活困窮者自立支援法等の一部を改正する法律（平成 30 年法律第 44 号）の概要」（https://www.mext.go.jp/b_menu/hakusho/nc/__icsFiles/afieldfile/2018/10/02/1409833_1_1.pdf　2024 年 5 月 3 日閲覧）

10）厚生労働省ホームページ「住宅手当の創設と生活福祉資金貸付事業の見直しについて」（https://www.mhlw.go.jp/seisaku/2009/10/01.html　2024 年 5 月 3 日閲覧）

11）ホームレス問題連絡協議会「ホームレス問題に対する当面の対応策について」1999（平成 11）年 2 月 12 日（https://www.ipss.go.jp/publication/j/shiryou/no.13/data/shiryou/syakaifukushi/723.pdf　2024 年 5 月 3 日閲覧）

12）厚生労働省ホームページ「生活保護制度の在り方に関する専門委員会　報告書」2004（平成 16）年 12 月 15 日（https://www.mhlw.go.jp/shingi/2004/12/s1215-8a.html　2024 年 5 月 3 日閲覧）

13）西尾祐吾「スティグマと社会福祉―我が国の公的扶助をめぐって―」日本社会福祉学会『社会福祉学』29 巻，2 号，1988 年，p.16

14）武藤志穂・阿部裕・杉山恵理子「精神医療従事者の精神障がい者に対する社会的態度と共感性の関連について―地域精神医療の発展を目指して―」『病 院・地域精神医学』54 巻，2009 年，pp.328-329

15）平野方紹「福祉事務所の業務と組織」宇山勝儀・船水浩行編著『福祉事務所運営論　第 4 版』ミネルヴァ書房，2016 年，p.66

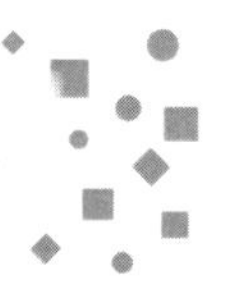

第５章　児童問題について考える

第１節　子ども家庭福祉の理念

「20 世紀は児童の世紀」といわれ，児童の権利の考え方が示されてきた。1989(平成元)年に国連による「児童の権利に関する条約」(通称：「子どもの権利条約」)が採択された。この条約では，児童が受動的に権利を与えられるということにとどまらず，能動的な権利の主体であることを確認した点に特徴がある。

児童の権利に関する条約

第３条

1　児童に関するすべての措置をとるに当たっては，公的若しくは私的な社会福祉施設，裁判所，行政当局又は立法機関のいずれによって行われるものであっても，児童の最善の利益が主として考慮されるものとする。

2　締約国は，児童の父母，法定保護者又は児童について法的に責任を有する他の者の権利及び義務を考慮に入れて，児童の福祉に必要な保護及び養護を確保することを約束し，このため，すべての適当な立法上及び行政上の措置をとる。

3　締約国は，児童の養護又は保護のための施設，役務の提供及び設備が，特に安全及び健康の分野に関し並びにこれらの職員の数及び適格性並びに適正な監督に関し権限のある当局の設定した基準に適合することを確保する。

第 12 条

1　締約国は，自己の意見を形成する能力のある児童がその児童に影響を及ぼすすべての事項について自由に自己の意見を表明する権利を確保する。この場合において，児童の意見は，その児童の年齢及び成熟度に従って相応に考慮されるものとする。

2　このため，児童は，特に，自己に影響を及ぼすあらゆる司法上及び行政上の手続において，国内法の手続規則に合致する方法により直接に又は代理人若しくは適当な団体を通じて聴取される機会を与えられる。

第13条

1　児童は，表現の自由についての権利を有する。この権利には，口頭，手書き若しくは印刷，芸術の形態又は自ら選択する他の方法により，国境とのかかわりなく，あらゆる種類の情報及び考えを求め，受け及び伝える自由を含む。

2　1の権利の行使については，一定の制限を課することができる。ただし，その制限は，法律によって定められ，かつ，次の目的のために必要とされるものに限る。

(a) 他の者の権利又は信用の尊重

(b) 国の安全，公の秩序又は公衆の健康若しくは道徳の保護

これまでは，児童は権利の主体と位置づけながらも，権利保障の主体は大人や社会であると考えられてきた。しかし，「児童の権利に関する条約」では，第3条で「子ども最善の利益」，第12条で「意見を表明する権利」，第13条で「表現の自由」等が謳われている。これまでは，児童は権利の主体と位置づけながらも，権利保障の主体は大人や社会であると考えられてきた。しかし，「児童の権利に関する条約」では，第3条で「子ども最善の利益」，第12条で「意見を表明する権利」，第13条で「表現の自由」等が謳われている。

具体的には，第13条「表現の自由」では，「児童は，表現の自由についての権利を有する」とするなど，児童自身が行使する「意見表明」や「表現・情報の自由」等が権利として明示されている。日本は1994(平成6)年に158番目の批准国となり，新たな考え方に基づく，

子どもの権利を保障するための施策や福祉実践の見直しを行っている。また，現在では，これまで使われてきた「児童福祉」という用語から，「子ども家庭福祉」という用語が一般化してきている。

わが国における，子ども家庭福祉にかかわる法律は，日本国憲法の基本的人権や幸福追求権，生存権等の規定がある。この日本国憲法を基本として多岐にわたっている。その中でも子ども家庭福祉に直接，関係する法律としては，以下のものをあげることができる。これらの６つの法律を「児童福祉六法」と呼ぶ。

① 児童福祉法　1947（昭和 22）年制定
② 児童扶養手当法　1961（昭和 36）年制定
③ 特別児童扶養手当等の支給に関する法律　1964（昭和 39）年制定
④ 母子及び寡婦福祉法　1964（昭和 39）年制定
⑤ 母子保健法　1965（昭和 40）年制定
⑥ 児童手当法　1971（昭和 46）年制定

第２節　児童福祉法

わが国の児童の福祉を具体的に保障する法律の根幹をなすものは，1947（昭和 22）年に制定された児童福祉法である。児童福祉法は，第二次世界大戦後の連合国軍総司令部（GHQ）の指導の下，住居や保護者のいない子どもや貧困家庭といった要保護児童に限定するのではなく，すべての子どもの健全育成を目指して成立した。児童福祉の基本原理は，児童福祉法第１条に「児童福祉の理念」，第２条に「児童育成の責任」，第3条に「原理の尊重」が記されている。

同法は，第1章「総則」，第2章「福祉の保障」，第3章「事業，養育里親及び養子縁組里親並びに施設」，第4章「費用」，第5章「国民健康保険団体連合会の児童福祉法関係業務」，第6章「審査請求」，第7章「雑則」，第8章「罰則」の8章から構成されている。また，同法において「児童」とは，満18歳に満たない者，「乳児」とは，満1歳に満たない者，「幼児」とは，満1歳から，小学校就学の始期に達するまでの者，「少年」とは，小学校就学の始期から，満18歳に達するまでの者，と定めている(第4条)。

同法は，社会の実状に合わせながら改善・拡充がされている。

児童福祉法
第1条
全て児童は，児童の権利に関する条約の精神にのっとり，適切に養育されること，その生活を保障されること，愛され，保護されること，その心身の健やかな成長及び発達並びにその自立が図られることその他の福祉を等しく保障される権利を有する。
第2条
全て国民は，児童が良好な環境において生まれ，かつ，社会のあらゆる分野において，児童の年齢及び発達の程度に応じて，その意見が尊重され，その最善の利益が優先して考慮され，心身ともに健やかに育成されるよう努めなければならない。
② 児童の保護者は，児童を心身ともに健やかに育成することについて第一義的責任を負う。
③ 国及び地方公共団体は，児童の保護者とともに，児童を心身ともに健やかに育成する責任を負う。
第3条
前2条に規定するところは，児童の福祉を保障するための原理であり，この原理は，すべて児童に関する法令の施行にあたって，常に尊重されなければならない。

1997(平成9)年には従来のものより児童の家庭支援に力点を置いた内容へと大幅に改正され，1998(平成10)年４月から施行された。

2.1　1997（平成９）年改正

児童福祉法は，成立から50年後の1997(平成9)年に大幅な改正が行われた。この法改正の趣旨は，次のように記している。[1)]

> 少子化の進行，夫婦共働き家庭の一般化，家庭と地域の子育て機能の低下等児童及び家庭を取り巻く環境の変化を踏まえ，児童の福祉の増進を図るため，市町村の措置による保育所入所の仕組みを情報の提供に基づき保護者が保育所を選択する仕組みに改め，保護を要する児童を対象とする児童福祉施設の名称及び機能の見直し，並びに児童家庭支援センターの創設による地域の相談援助体制の整備等の措置を講ずるほか，所要の規定の整備を行うものとすること(下線は筆者)。

そして，児童福祉法の一部改正の要点として，以下の７点をあげている。

① 保育所に関する事項
② 放課後児童健全育成事業に関する事項
③ 児童相談に関する事項
④ 児童自立生活援助事業に関する事項
⑤ 児童福祉施設の名称及び機能に関する事項

⑥ 児童家庭支援センターに関する事項

⑦ 関係地方公共団体等の連携等に関する事項

なかでもポイントとなる点は，法改正の趣旨で筆者が＿＿＿＿をした箇所である。

○保護者が保育所を選択する仕組み⇒これまでの措置制度を廃止，利用方式の導入

○児童福祉施設の名称及び機能の見直し⇒施設の目的として，「自立を支援する」等の文言が入ることで子どもの自立支援と権利擁護の視点の明確化

○児童家庭支援センターの創設⇒地域の相談支援体制の整備・拡充

2.2　2016（平成 28）年改正

児童福祉法等の一部を改正する法律（平成 28 年法律第 63 号）の概要の中で，改正の趣旨としては，以下のような記述がある。[2)]

全ての児童が健全に育成されるよう，児童虐待について発生予防から自立支援まで一連の対策の更なる強化等を図るため，児童福祉法の理念を明確化するとともに，母子健康包括支援センターの全国展開，市町村及び児童相談所の体制の強化，里親委託の推進等の所要の措置を講ずる。

そして，改正のポイントとして，以下の 4 点をあげている。

① 児童福祉法の理念の明確化等
② 児童虐待の発生予防
③ 児童虐待発生時の迅速・的確な対応
④ 被虐待児童への自立支援

2016（平成 28）年の児童福祉法の改正では，第１条において以下のように記されている。ここでは，子どもの能動的権利を明確に規定していることがわかる。

> 全て児童は，児童の権利に関する条約の精神にのっとり，適切に養育されること，その生活を保障されること，愛され，保護されること，その心身の健やかな成長及び発達並びにその自立が図られることその他の福祉を等しく保障される権利を有する。

さらに，第２条では以下のように記されている。ここでは，児童の権利に関する条約で掲げられている。「児童の最善の利益」が優先して考慮されることと，児童の意見表明権を尊重することが謳われていることがわかる。

> 全て国民は，児童が良好な環境において生まれ，かつ，社会のあらゆる分野において，児童の年齢及び発達の程度に応じて，その意見が尊重され，その最善の利益が優先して考慮され，心身ともに健やかに育成されるよう努めなければならない。

このように，2016(平成28)年の「児童福祉法」改正では「子どもの権利条約」を踏まえることが加筆された。また，児童育成の責任がすべての国民にあること，保護者が児童を心身ともに健やかに育成することに第一義的責任を負うことが明記された。

2.3　2019（令和元）年の改正

児童虐待防止対策の強化を図るための児童福祉法等の一部を改正する法律(令和元年法律第46号)の概要には，改正の趣旨を「児童虐待防止対策の強化を図るため，児童の権利擁護，児童相談所の体制強化及び関係機関間の連携強化等の所要の措置を講ずる。」と記されている[3)]。

児童相談所の体制強化及び関係機関間の連携強化等として，児童相談所の体制強化等をあげ，「都道府県は，児童相談所が措置決定その他の法律関連業務について，常時弁護士による助言・指導の下で適切かつ円滑に行うため，弁護士の配置又はこれに準ずる措置を行うものとするとともに，児童相談所に医師及び保健師を配置する。」としている。また，検討規定その他所要の規定の整備として，「児童福祉司の数の基準については，児童福祉司の数に対する児童虐待相談対応件数が過重なものとならないよう，必要な見直しが行われるものとする」と明記されている。

2.4　2022（令和4）年改正

児童福祉法等の一部を改正する法律(令和4年法律第66号)の概要には，改正の趣旨を「児童虐待の相談対応件数の増加など，子育てに困難を抱える世帯がこれまで以上に顕在化してきている状況等を踏まえ，子育て世帯に対する包括的な支援のための体制強化等を行う。」としている[4)]。具体的には，改正の概要として，以下の７つをあげている。

① 子育て世帯に対する包括的な支援のための体制強化及び事業の拡充
② 一時保護所及び児童相談所による児童への処遇や支援，困難を抱える妊産婦等への支援の質の向上
③ 社会的養育経験者・障害児入所施設の入所児童等に対する自立支援の強化
④ 児童の意見聴取等の仕組みの整備
⑤ 一時保護開始時の判断に関する司法審査の導入
⑥ 子ども家庭福祉の実務者の専門性の向上
⑦ 児童をわいせつ行為から守る環境整備（性犯罪歴等の証明を求める仕組み（日本版 DBS）の導入に先駆けた取組強化）

児童福祉法の改正の流れとして，国連による 1989 年の「児童の権利に関する条約」（通用：「子どもの権利条約」）を踏まえていること，児童育成の責任がすべての国民にあること，保護者が児童を心身ともに健やかに育成することに第一義的責任を負うこと，子どもは権利の主体であること等が児童福祉法の改正では重視されていることがわかる。そして，最近の改正では，保護者による育成義務に加えて，国・都道府県・市長村による保護者支援の責務や児童虐待の発生予

防のためのさまざまな諸方策が示されるようになってきていることがわかる。

第3節　子ども家庭福祉を推進する機関・施設

3.1　福祉事務所（市町村および家庭児童福祉相談室）

2004(平成16)年の児童福祉法改正により，市町村の業務等について，厚生労働省のホームページでは以下のように記されている。[5)]
ここからもわかるように，市町村の役割は，子ども家庭福祉の一義的な窓口として，住民に身近な機関として，住民のニーズを的確に把握し，子ども家庭福祉サービスを総合的かつきめ細やかに実施する役割を担っている。

市町村の業務等

① 市町村の業務として，児童の福祉に関し，必要な実情の把握及び情報の提供を行うとともに，家庭その他からの相談に応じ，必要な調査及び指導を行うことを規定する(第10条第1項関係)。

② 市町村長は，児童の福祉に関する相談に応じる業務のうち専門的な知識及び技術を必要とするものについては，児童相談所の技術的援助及び助言を求めなければならないものとする(第10条第2項関係)。

③ 市町村は，この法律による事務を適切に行うために必要な体制の整備に努めるとともに，当該事務に従事する職員の人材の確保及び資質の向上のために必要な措置を講じなければならない

ものとする（第10条第４項関係）。

④ 政令で定める市は児童相談所を設置できることとする（第59条の４第１項関係）。

また，市町村が行う具体的な業務としては，「児童および妊産婦の福祉に関し，必要な実状の把握，情報の提供，相談，調査および指導を行う」（児童福祉法第10条）こと等が示されている。

福祉事務所は，社会福祉法に基づく福祉に関する事務所である。都道府県，市および特別区に設置義務があり，町村は任意設置である。福祉六法（生活保護法，児童福祉法，身体障害者福祉法，知的障害者福祉法，老人福祉法，母子および父子並びに寡婦福祉法）を担当する総合的な社会福祉行政機関である。

1964（昭和39）年度より「家庭児童相談室」が設置されている。その目的は，「家庭における適正な児童養育，その他家庭児童福祉の向上を図るため，福祉事務所の家庭児童福祉に関する相談指導業務を充実強化するために設けるものであること」としているが，設置は必置ではなく，任意設置となっている。

3.2　児童相談所

児童福祉法の児童相談所の概要では，「児童相談所は，市町村と適切な役割分担・連携を図りつつ，子どもに関する家庭その他からの相談に応じ，子どもが有する問題又は子どもの真のニーズ，子どもの置かれた環境の状況等を的確に捉え，個々の子どもや家庭に最も効果的な援助を行い，もって子どもの福祉を図るとともに，その

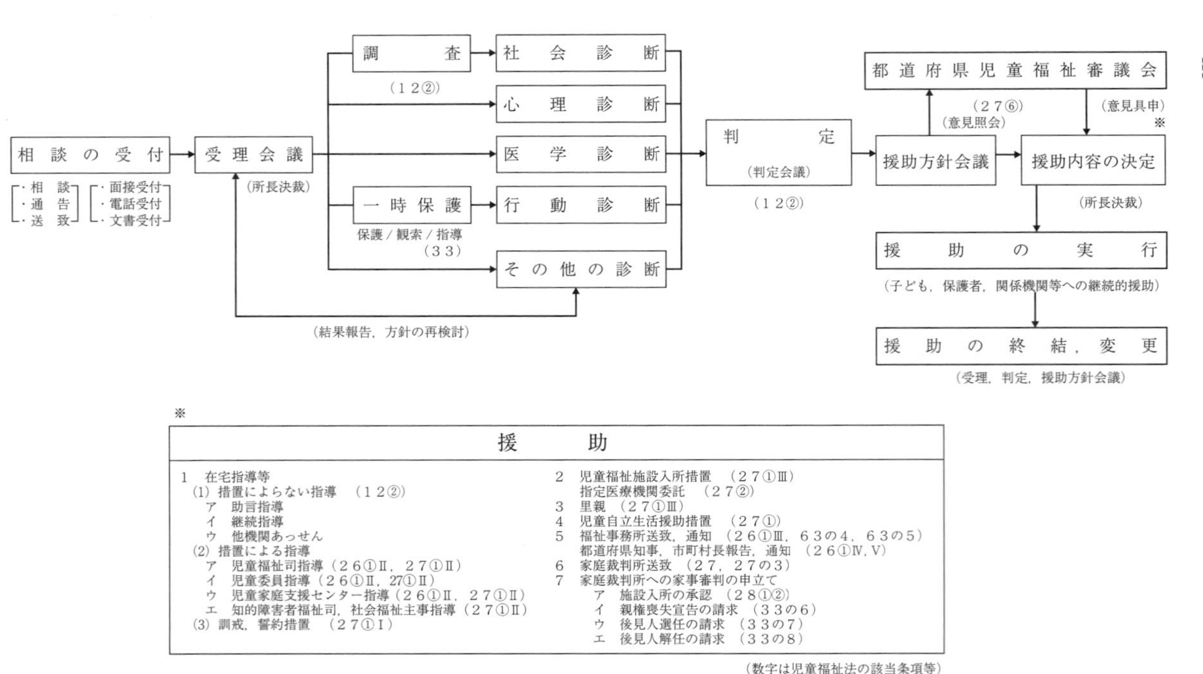

（数字は児童福祉法の該当条項等）

図 5-1　児童相談所における相談援助活動の体系・展開

（出典）厚生労働省ホームページ「児童相談所運営指針」(https://www.mhlw.go.jp/bunya/kodomo/dv-soudanjo-kai-zuhyou.html 2004 年 5 月 3 日閲覧）

権利を擁護すること（以下「相談援助活動」という。）を主たる目的として都道府県，指定都市及び児童相談所設置市（以下「都道府県等」という。）に設置される行政機関である」[6]と定義されている。

児童相談所は，児童福祉の第一線機関として各都道府県，指定都市に設置が義務づけられている。2022（令和4）年4月1日現在，全国に228か所（支所を含まず）設置されている。児童相談所には，ソーシャルワーカー（児童福祉司，指導教育担当児童福祉司：スーパーバイザー，相談員），児童心理司，医師（精神科医，小児科医），保健師，弁護士，その他専門職員がいて，市町村と連携を取りながら，子どもに関する各種の相談に応じ，専門的な角度から調査，診断，判定を行い，それに基づき子どもや保護者等に必要な指導，一時保護や児童福祉施設入所等の措置を行っている。

また，近年の児童虐待相談対応件数の増加等を踏まえ，児童相談所の体制や専門性を強化するため，2016（平成28）年4月に，2016（平成28）年～2019（平成31）年度を計画期間とする「児童相談所強化プラン」が発表された。さらに，2018（平成30）年12月には，2019（令和元）年～2022（令和4）年度を計画期間とする「児童虐待防止対策体制総合強化プラン」が決定され，児童相談所の児童福祉司・児童心理司・保健師を合計で4,690人（2017年度実績）から7,620人（2022年度目標，保健師は2020年度を目標）に増やす等の目標が定められた。

3.3　保健所

保健所とは，地域住民の健康や衛生を支える公的機関のひとつであり，地域保健法に基づき，都道府県，政令指定都市，中核市そのほか指定された市または特別区に設置される。児童福祉法における保健所の業務は，以下のようなものである。[7)]

① 児童の保健について，正しい衛生知識の普及を図ること。
② 児童の健康相談に応じ，又は健康診査を行い，必要に応じ，保健指導を行うこと。
③ 身体に障害のある児童及び疾病により長期にわたり療養を必要とする児童の療育について，指導を行うこと。
④ 児童福祉施設に対し，栄養の改善その他衛生に関し，必要な助言を与えること。

児童相談所長は，相談に応じた児童，その保護者又は妊産婦について，保健所に対し，保健指導その他の必要な協力を求めることができる。保健所には，医師，歯科医師，薬剤師，獣医師，保健師，助産師，看護師，診療放射線技師，臨床検査技師，管理栄養士，栄養士，歯科衛生士，統計技術者等の職員が配置されている。

また，市町村保健センターは地域保健法により，地域住民に身近な対人保健サービスを総合的に行う拠点として，① 健康相談，② 保健指導及び健康診査，③ その他地域保健に関し必要な事業を行っている。

3.4　児童委員・主任児童委員

児童委員は，民生委員が兼ねており，児童福祉法または民生委員法に基づき，厚生労働大臣により委嘱されて，市町村の区域に配置されている民間の奉仕者である。児童福祉法第 17 条では，児童委員の職務について，以下のように示している。

① 児童及び妊産婦につき，その生活及び取り巻く環境の状況を適切に把握しておくこと。
② 児童及び妊産婦につき，その保護，保健その他福祉に関し，サービスを適切に利用するために必要な情報の提供その他の援助及び指導を行うこと。
③ 児童及び妊産婦に係る社会福祉を目的とする事業を経営する者又は児童の健やかな育成に関する活動を行う者と密接に連携し，その事業又は活動を支援すること。
④ 児童福祉司又は福祉事務所の社会福祉主事の行う職務に協力すること。
⑤ 児童の健やかな育成に関する気運の醸成に努めること。
⑥ 前各号に掲げるもののほか，必要に応じて，児童及び妊産婦の福祉の増進を図るための活動を行うこと。

また，1994(平成 6)年 1 月から児童福祉に関する事項を専門的に担当する主任児童委員(児童委員のうちから指名)が設置され，2001(平成 13)年 12 月の児童福祉法の一部改正に伴い法定化(児童福祉法に規定)された。主任児童員は，区域を担当せず，児童相談所等の関係機関と児童委員との連絡調整を行うとともに，児童委員活動への援助と協力を行う。

第4節　児童福祉施設

児童福祉施設は，児童福祉法第7条に以下のように規定されている。

この法律で，児童福祉施設とは，助産施設，乳児院，母子生活支援施設，保育所，児童厚生施設，児童養護施設，知的障害児施設，知的障害児通園施設，盲ろうあ児施設，肢体不自由児施設，重症心身障害児施設，情緒障害児短期治療施設，児童自立支援施設及び児童家庭支援センターとする。

児童福祉施設は，大まかに入所施設，通所施設，利用施設に分けることができる。経営主体は，公営(国・地方公共団体)と私営がある。そして，私営の経営主体の多くは，社会福祉法人である。しかし，近年では規制緩和が進み，保育所等においては企業等の営利団体も経営できるようになってきた。

また，児童福祉施設の運営は，「児童福祉施設の設備及び運営に関する基準」によっている。2011(平成23)年に「児童福祉施設最低基準」が改正され，この名称となった。基準には，児童福祉施設の一般原則，児童福祉施設と非常災害，安全計画の策定等，児童福祉施設における職員の一般的要件，児童福祉施設の職員の知識及び技能の向上等，虐待等の禁止，秘密保持等，苦情への対応等の規定がある。

たとえば，第5条の「児童福祉施設の一般原則」をみてみると，そこには，以下のように記されている。

施設の種類	種別	入(通)所・利用別	設置主体	施設の目的と対象者
婦人保護施設 (売春防止法36条，DV防止法５条)	第１種	入所	都道府県 市町村 届出 社会福祉法人 その他の者 許可	性行又は環境に照らして売春を行うおそれのある女子(要保護女子)を収容保護する。又，家族関係の破綻，生活困窮等の理由により生活上困難な問題を抱えた女性及びDV被害女性を入所保護し，自立を支援する
児童福祉施設 助産施設 (児福法36条)	第２種	入所	都道府県 市町村 届出 社会福祉法人 その他の者 認可	保健上必要があるにもかかわらず，経済的理由により，入院助産を受けることができない妊産婦を入所させて，助産を受けさせる
乳児院 (児福法37条)	第１種	入所	同上	乳児(保健上，安定した生活環境の確保その他の理由により特に必要のある場合には，幼児を含む)を入院させて，これを養育し，あわせて退院した者について相談その他の援助を行う
母子生活支援施設 (児福法38条)	第１種	入所	同上	配偶者のない女子又はこれに準ずる事情にある女子及びその者の監護すべき児童を入所させて，これらの者を保護するとともに，これらの者の自立の促進のためにその生活を支援し，あわせて退所した者について相談その他の援助を行う
保育所 (児福法39条)	第２種	通所	同上	保育を必要とする乳児・幼児を日々保護者の下から通わせて保育を行う
幼保連携型認定こども園 (児福法39条の２)	第２種	通所	同上	義務教育及びその後の教育の基礎を培うものとしての満３歳以上の幼児に対する教育及び保育を必要とする乳児・幼児に対する保育を一体的に行い，これらの乳児又は幼児の健やかな成長が図られるよう適当な環境を与えて，その心身の発達を助長する
児童厚生施設 (児福法40条) 児童館 小型児童館，児童センター，大型児童館Ａ型，大型児童館Ｂ型，大型児童館Ｃ型，その他の児童館	第２種	利用	同上	屋内に集会室，遊戯室，図書室等必要な設備を設け，児童に健全な遊びを与えて，その健康を増進し，又は情操を豊かにする
児童遊園	第２種	利用	同上	屋外に広場，ブランコ等必要な設備を設け，児童に健全な遊びを与えて，その健康を増進し，又は情操を豊かにする
児童養護施設 (児福法41条)	第１種	入所	同上	保護者のない児童(乳児を除く。ただし，安定した生活環境の確保その他の理由により特に必要のある場合には，乳児を含む)，虐待されている児童その他環境上養護を要する児童を入所させて，これを養護し，あわせて退所した者に対する相談その他の自立のための援助を行う
障害児入所施設 (児福法42条)　(福祉型) (医療型)	第１種	入所	国・都道府県 市町村 届出 社会福祉法人 その他の者 認可	障害児を入所させて，保護，日常生活の指導，独立自活に必要な知識技能の付与及び治療を行う
児童発達支援センター (児福法43条)　(福祉型) (医療型)	第２種	通所	都道府県 市町村 届出 社会福祉法人 その他の者 認可	障害児を日々保護者の下から通わせて，日常生活における基本的動作の指導，独立自活に必要な知識技能の付与又は集団生活への適応のための訓練及び治療を提供する
児童心理治療施設 (児福法43条の２)	第１種	入所 通所	同上	家庭環境，学校における交友関係その他の環境上の理由により社会生活への適応が困難となった児童を，短期間，入所させ又は保護者の下から通わせて，社会生活に適応するために必要な心理に関する治療及び生活指導を主として行い，あわせて退所した者について相談その他の援助を行う
児童自立支援施設 (児福法44条)	第１種	入所 通所	国・都道府県 市町村 届出 社会福祉法人 その他の者 認可	不良行為をなし，又はなすおそれのある児童及び家庭環境その他の環境上の理由により生活指導等を要する児童を入所させ，又は保護者の下から通わせて，個々の児童の状況に応じて必要な指導を行い，その自立を支援し，あわせて退所した者について相談その他の援助を行う
児童家庭支援センター (児福法44条の２)	第２種	利用	都道府県 市町村 届出 社会福祉法人 その他の者 認可	地域の児童の福祉に関する各般の問題につき，児童に関する家庭その他からの相談のうち，専門的な知識及び技術を必要とするものに応じ，必要な助言を行うとともに，市町村の求めに応じ，技術的助言その他必要な援助を行うほか，保護を要する児童又はその保護者に対する指導及び児童相談所等との連携・連絡調整等を総合的に行う

図 5-2　児童福祉施設

(出典)厚生労働統計協会編『国民の福祉と介護の動向 2022/2023』2022 年，p.323

第5条　児童福祉施設は，入所している者の人権に十分配慮するとともに，一人一人の人格を尊重して，その運営を行わなければならない。

② 児童福祉施設は，地域社会との交流及び連携を図り，児童の保護者及び地域社会に対し，当該児童福祉施設の運営の内容を適切に説明するよう努めなければならない。

③ 児童福祉施設は，その運営の内容について，自ら評価を行い，その結果を公表するよう努めなければならない。

④ 児童福祉施設には，法に定めるそれぞれの施設の目的を達成するために必要な設備を設けなければならない。

⑤ 児童福祉施設の構造設備は，採光，換気等入所している者の保健衛生及びこれらの者に対する危害防止に十分な考慮を払って設けられなければならない。

この基準に基づき，都道府県知事等による監査が実施されることになる。もし，基準に満たない場合には，施設設置者に対する改善勧告や命令，事業停止命令，許可・認可の取り消し，閉鎖命令等の措置が採られることになる。

第5節　要保護児童対策

要保護児童とは，児童福祉法に基づいた保護的支援を要する児童で，児童福祉法第6条の3第8項には，「保護者のない児童又は保護者に監護させることが不適当であると認められる児童」と定義されている。具体的には，保護者の家出，死亡，離婚，入院，服役などの事情にある子どもや，虐待を受けている子ども，家庭環境などに起因して非行や情緒障害を有する子どもなどが含まれる。

児童福祉法の第25条では，「要保護児童を発見した者は，これを市町村，都道府県の設置する福祉事務所若しくは児童相談所又は児童委員を介して市町村，都道府県の設置する福祉事務所若しくは児童相談所に通告しなければならない。」と定めている。しかし，14歳以上の犯罪少年については家庭裁判所に通告することとしている。

子どもの養護（子どもが心身ともに心地よいと感じる環境を整え，子ども自身が主体的に育つための支援を行うこと）は，「家庭養護」と「社会的養護」に分けることができる。家庭養護は，社会福祉サービスを利用しながら，家庭で親によって養育されることである。また，家庭以外の場で養育されることを社会的養護といい，「施設養護」と「家庭的養護」に分けることができる。施設養護には，「乳児院」や「児童養護施設」があり，家庭的養護には，「里親制度」や「小規模住居型児童養育事業（ファミリーホーム）」等がある。

公益財団法人全国里親会のホームページ（https://www.zensato.or.jp/know/seido　2024年5月3日閲覧）をみると，以下のように「里親制度」と「小規模住居型児童養育事業」について説明がある。

○「里親制度の概要」

里親制度は，何らかの事情により家庭での養育が困難又は受けられなくなった子ども等に，温かい愛情と正しい理解を持った家庭環境の下での養育を提供する制度です。家庭での生活を通じて，子ど

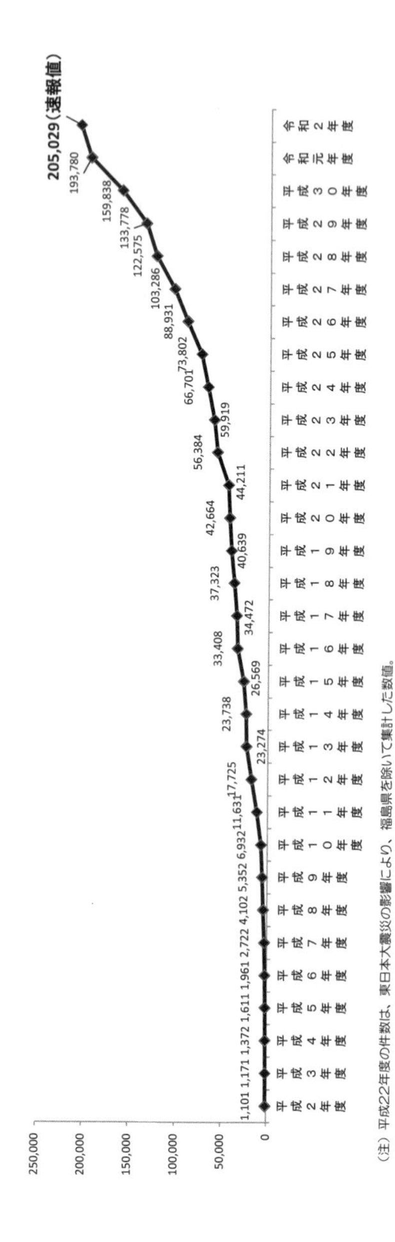

図 5-3　児童虐待相談対応件数の推移

（出典）厚生労働省「福祉行政報告例」

もが成長する上で極めて重要な特定の大人との愛着関係の中で養育を行うことにより，子どもの健全な育成を図る有意義な制度です。

○小規模住居型児童養育事業

家庭的養護を促進するため，要保護児童に対し，この事業を行う住居(ファミリーホーム)において，児童間の相互作用を活かしつつ，児童の自主性を尊重し，基本的な生活習慣を確立するとともに，豊かな人間性及び社会性を養い，児童の自立を支援します。平成21年度に創設された制度で，養育者の住居において行う点で里親と同様であり，児童5~6人の養育を行う点で，里親を大きくした里親型のグループホームです。

5.1　児童虐待

児童相談所における虐待の相談件数は急増してきている。2001(平成13)年には2万件，2015(平成27)年には約10万件を超えている。2020(令和2)年度ではその数が205,044件となり，倍増していることがわかる。

心中以外の虐待死事例を年齢別にみると，0歳児が約半数を占め，最も多い。また，主たる虐待者の構成をみると，2020(令和2)年度では，実母の割合が47.4%と最も高くなっているが，実父の割合も年々増加し41.3%となっている。 また，実父以外の父親が5.3%，実母以外の母親が0.4%となっている[8)]。

このような状況に応じて，政府は2000(平成12)年には，児童虐待の禁止，防止，早期発見と対応ならびに予防を目指して「児童虐待の防止等に関する法律(児童虐待防止法)」が制定されている。児童虐待防止法では，第1条で目的を第2条で児童虐待の定義を，次のように定めている。

・目　　的

この法律は，児童虐待が児童の人権を著しく侵害し，その心身の成長及び人格の形成に重大な影響を与えるとともに，我が国における将来の世代の育成にも懸念を及ぼすことにかんがみ，児童に対する虐待の禁止，児童虐待の予防及び早期発見その他の児童虐待の防止に関する国及び地方公共団体の責務，児童虐待を受けた児童の保護及び自立の支援のための措置等を定めることにより，児童虐待の防止等に関する施策を促進し，もって児童の権利利益の擁護に資することを目的とする。

・児童虐待の定義

この法律において，「児童虐待」とは，保護者(親権を行う者，未成年後見人その他の者で，児童を現に監護するものをいう。)がその監護する児童(18歳に満たない者をいう。)について行う次に掲げる行為をいう。

1. 児童の身体に外傷が生じ，又は生じるおそれのある暴行を加えること。
2. 児童にわいせつな行為をすること又は児童をしてわいせつな行為をさせること。
3. 児童の心身の正常な発達を妨げるような著しい減食又は長時間の放置，保護者以外の同居人による前2号又は次号に掲げる行為と同様の行為の放置その他の保護者としての監護を著しく怠ること。

4. 児童に対する著しい暴言又は著しく拒絶的な対応，児童が同居する家庭における配偶者に対する暴力（配偶者（婚姻の届出をしていないが，事実上婚姻関係と同様の事情にある者を含む。）の身体に対する不法な攻撃であって生命又は身体に危害を及ぼすもの及びこれに準ずる心身に有害な影響を及ぼす言動をいう。）その他の児童に著しい心理的外傷を与える言動を行うこと。

特に問題となるのが，親権者等の側からの「しつけ」と子どもの側からの「虐待」の境界線の問題である。しかし，児童虐待は，あくまでも子どもの側からとらえた時に，その子どもにとって発達や育ちに影響を与える権利侵害といえる行為を指している。2019（令和元）年には，児童福祉法及び児童虐待防止法が改正され，「親権者は，児童のしつけに際して体罰を加えてはならないこととする。」とされ，「しつけ」とする体罰の禁止が法律に明文化されることになり，2020（令和２）年度から施行されるようになった。

5.2 非　　行

少年法では，第１条において，この法律の目的を「この法律は，少年の健全な育成を期し，非行のある少年に対して性格の矯正及び環境の調整に関する保護処分を行うとともに，少年の刑事事件について特別の措置を講ずることを目的とする」と定めている。そして，第３条では，非行を次のように３つに分けている。

1　罪を犯した少年：「犯罪少年」

2　14歳に満たないで刑罰法令に触れる行為をした少年：「触法少年」

3　次に掲げる事由があって，その性格又は環境に照らして，将来，罪を犯し，又は刑罰法令に触れる行為をする虞(おそれ)のある少年：「虞(ぐ)犯少年」

イ　保護者の正当な監督に服しない性癖のあること。

ロ　正当の理由がなく家庭に寄り附かないこと。

ハ　犯罪性のある人若しくは不道徳な人と交際し，又はいかがわしい場所に出入すること。

ニ　自己又は他人の徳性を害する行為をする性癖のあること。

過去10年間の非行少年等の検挙・補導人員の推移は，図5-4のとおりである。刑法犯少年の検挙人員は，2004(平成16)年以降18年連続で減少しており，2021(令和3)年中は，1万4,818人と，2012(平成24)年の4分の1以下にまで減少した。また，触法少年(刑法)は，2010(平成22)年以降11年連続で減少していたが，2021(令和3)年中は5, 581人と，前年より495人(9. 7%)増加した。

特別法犯少年は，令和元年から緩やかな増加傾向にあったが，2021(令和3)年中は4,940人と前年より減少した。また，触法少年(特別法)は2013(平成25)年から8年連続で減少していたが，2021(令和3)年中は628人と，前年より59人(10. 4%)増加した

また，文部科学省が毎年公表している，全国の学校内外で発生した校内暴力の推移であるが，中学や高校ではほぼ横ばいであるのに対し，小学校では急増していることがわかる(図5-5)。

次に，図5-5では，文部科学省が公表している全国の学校内外で

区分＼年	H25年	26年	27年	28年	29年	30年	R元年	2年	3年	4年
刑法犯少年	56,469 (100)	48,361 (86)	38,921 (69)	31,516 (56)	26,797 (47)	23,489 (42)	19,914 (35)	17,466 (31)	14,818 (26)	14,887 (26)
特別法犯少年	5,830 (100)	5,720 (98)	5,412 (93)	5,288 (91)	5,041 (86)	4,354 (75)	4,557 (78)	5,022 (86)	4,940 (85)	4,639 (80)
交通事故に係る過失運転致死傷等	21,352 (100)	19,292 (90)	17,270 (81)	16,609 (78)	15,101 (71)	13,903 (65)	11,117 (52)	9,511 (45)	9,403 (44)	8,985 (42)
道路交通法違反	229,831 (100)	205,829 (90)	195,043 (85)	178,149 (78)	162,964 (71)	137,329 (60)	124,809 (54)	124,077 (54)	115,256 (50)	100,280 (44)
触法少年（刑法）	12,592 (100)	11,846 (94)	9,759 (78)	8,587 (68)	8,311 (66)	6,969 (55)	6,162 (49)	5,086 (40)	5,581 (44)	6,025 (48)
触法少年（特別法）	941 (100)	801 (85)	800 (85)	743 (79)	730 (78)	633 (67)	607 (65)	569 (60)	628 (67)	704 (75)
ぐ犯少年	959 (100)	1,066 (111)	1,089 (114)	1,064 (111)	1,107 (115)	1,150 (120)	1,068 (111)	869 (91)	795 (83)	656 (68)
不良行為少年	809,652 (100)	731,174 (90)	641,798 (79)	536,420 (66)	476,284 (59)	404,754 (50)	374,982 (46)	333,182 (41)	308,563 (38)	297,078 (37)

(注1)（　）は，平成25年を100とした場合の指数である。
(注2)交通事故に係る過失運転致死傷等と道路交通法違反の数値は，交通指導課による。
(注3)グラフ中の凡例の「交通事故」は，交通事故に係る過失運転致死傷等をいい，グラフ，表とも，危険運転致死傷を含む。
(注4)本図の道路交通法違反は，道路交通法の罪のうち，自動車，原動機付自転車及び重被けん引車の運転に関するものをいう。

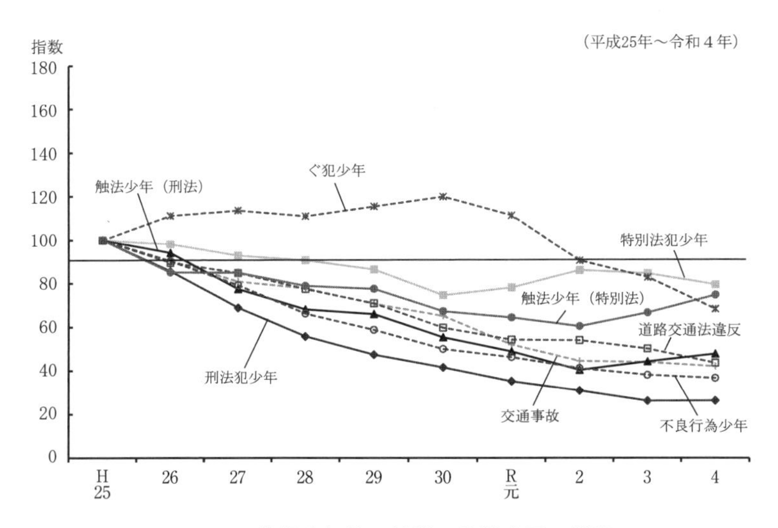

図5-4　非行少年等の検挙・歩道人員の推移

(出典)警察庁生活安全局人身安全・少年課「令和3年中における少年の補導及び保護の概況」p.1を元に作成

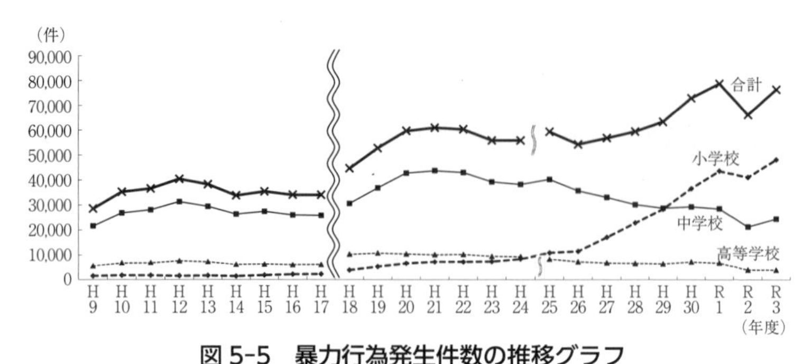

図 5-5　暴力行為発生件数の推移グラフ

(出典)文部科学省初等中等教育局児童生徒課「令和 3 年度 児童生徒の問題行動・不登校等生徒指導上の諸課題に関する調査結果について」，2019 年，p.8 を元に作成

発生した校内暴力の推移である。中学校や高校がほぼ横ばいであるのに対し，小学校では，その発生件数が急増していることがわかる。2021(令和 3)年度の発生件数は，中学校で 24,450 件，高校で 3,853 件，小学校では 43,138 件となっている。小学校では，2013(平成 25)年度に発生件数が初めて 1 万件を超えた(10,896 件)。

このような低年齢からの暴力行為の背景にはさまざまな要因を考えることができる。たとえば，教育環境，社会環境，家庭環境等の要因等である。そして，その要因は必ずしも単一であるとは考えられない可能性も高く，さまざまな要因が複雑に絡み合って低年齢の暴力行為の発生に結びついているといえる。したがって，非行問題における支援等については教育・福祉・医療等の連携・協力がより一層求められる必要があると考える。

5.3　ひとり親家庭

「ひとり親家庭」とは，母親と子どもからなる母子家庭と父親と子どもからなる父子家庭の総称である。ひとり親家庭は子どもの養育や生計の維持，しつけなどを母親または父親がひとりで行わなければならないため，さまざまな場面で生活上の困難に陥ることが考えられる。したがって，ひとり親家庭の支援にあたっては，ひとり親家庭の子どもの健全育成や親に対する生活支援等，多方面にわたって実施されなくてはならない。

ひとり親家庭の現状については，総務省が実施している2020(令和2)年の国税調査では，世帯総数5,583万154世帯であり，そのうち，母子世帯が64万6,809世帯(1.15%)，父子家庭は7万4,481世帯(0.13%)となっている。また，厚生労働省が実施している「令和3年度全国ひとり親世帯等調査結果報告」によると，ひとり親世帯になった理由別の世帯構成割合については，母子世帯で生別世帯が全体の約9割，父子世帯で約8割を占めている。

さらに，調査時点における親の就業状況では，母子世帯の母の86.3%が就業しており，このうち「正規の職員・従業員」が 48.8 %と最も多く，次いで「パート・アルバイト等」が 38.8 %となっている。父子世帯では父の88.1%が就業しており，このうち「正規の職員・従業員」が69.9%，「自営業」が14.8%，「会社などの役員」が7.3%となっている。

また，ひとり親世帯の2020(令和2)年の年間収入では，平均年間収入等は，母子世帯の母自身の平均年間収入は272万円，母自身の平均年間就労収入は236万円，母子世帯の平均年間収入(平均世帯人員3.18人)は 373 万円となっている。父子世帯では父自身の平均年間収入は518万円，父自身の平均年間就労収入は496万円，父子世帯の平均年間収入(平均世帯人員 3.41 人)は 606 万円となっている。

母子世帯の母親は，約 8 割強が就労をしている。しかし，就労率は高いが父子世帯に比べて収入の面で不利な状況におかれていることがわかる。そのことから，特に母子世帯に関しては経済支援，就業支援が強く求められる。

第 6 節　少子化の進行と次世代育成支援対策

1990(平成 2)年の「1.57 ショック」以降，少子化への危機感は強まり，さまざまな少子化対策が展開されてきた。1994(平成 6)年 12 月の文部省・厚生省・労働省・建設省の 4 大臣の合意によるわが国初の少子化に係る総合対策である「今後の子育て支援のための施策の基本的方向について」(エンゼルプラン)が策定された。その具体化の一環として大蔵省・厚生省・自治省の 3 大臣合意による「緊急保育対策等 5 か年事業」も取りまとめられた。

1999(平成 11)年 12 月には，大蔵省・文部省・厚生省・労働省・建設省・自治省の 6 大臣の合意において，「重点的に推進すべき少子化対策の具体的実施計画について」(新エンゼルプラン)も，後継の少子化対策として取りまとめられた。このプランは 2000(平成 12)年から 2004(平成 16)年度までの 5 か年で重点的に推進する少子化対策の計画で，① 保育サービス等子育て支援サービスの充実，② 仕事と子育ての両立のための雇用環境の整備，③ 働き方についての固定的な性別役割分業や職場優先の企業風土の是正，④ 母子保健医療体制の整備，⑤ 地域で子どもを育てる教育環境の整備，⑥

子どもたちがのびのび育つ教育環境の実現，⑦教育に伴う経済的負担の軽減，⑧住まいづくりやまちづくりによる子育ての支援，の８つの大きな柱が示された。

その後も少子化の流れは止まらず，本格的な対応が必要であるという認識が高まり，2003(平成15)年に，少子化社会において講ぜられる施策の基本理念を明らかにし，少子化に対処するための施策を総合的に推進するために，「少子化対策基本法」が成立した。この法律に基づき，内閣府に，全閣僚によって構成される「少子化社会対策会議」が設置され，翌年には少子化に対処するための総合的かつ長期的な施策の大綱として，「少子化社会対策大綱」が閣議決定された。さらに，大綱に盛り込まれた施策について，その具体的な実施計画として，2005(平成17)年度からの５か年計画である「少子化社会対策大綱に基づく重点施策の具体的実施計画について」(子ども・子育て応援プラン)が策定された。

少子化社会対策基本法と同時期に成立したのが「次世代育成支援対策推進法」である。当初，2005(平成17)年から10年間の時限立法であり，2014(平成26)年度末までであったが，さらに10年間延長されることになった。この法律は，時代の社会を担う子どもが健やかに生まれ，育成される環境の整備を図るため，次世代育成支援対策についての基本理念を定めるとともに，国による「行動計画策定指針」の作成，地方公共団体や事業主による行動計画の策定などの対策を推進することとしている。

2007(平成19)年には，「子どもと家族を応援する日本重点戦略」をまとめ，少子化社会対策会議で決定された。重点戦略では，就労と結婚・出産・子育ての二者択一構造の解決のため，働き方の見直しによる仕事と生活の調和（ワーク・ライフ・バランス）と包括的な次世代育成支援を車の両輪として重視している。また，2010（平成22）年1月には，少子化社会対策基本法に基づく施策の新しい大綱として，「子ども・子育てビジョン」が閣議決定され，子ども手当の創設，高校の実質無償化，父子家庭への児童扶養手当の支給等が具体的な施策として位置づけられるとともに，2014（平成26）年度に向けた5年間の数値目標が設定された。

第7節　ヤングケアラー

ヤングケアラーとは，法令上の定義はないが，一般に，家族にケアを要する人がいる場合に，大人が担うようなケア責任を引き受け，家事や家族の世話，介護，感情面のサポート等を行っている18歳未満の子どもをいう。厚生労働省の調査では，世話をしている家族が「いる」と回答したのは小学6年生で6.5%，中学2年生で5.7%，高校2年生で4.1%，大学3年生で6.2%であった。これは，回答した中学2年生の17人に1人が世話をしている家族が「いる」と回答したことになる[9)]。

2021（令和3）年度子ども・子育て支援推進調査研究事業，「ヤングケアラーの実態に関する調査研究報告書」（日本総合研究所，2022年3月）によると，一般国民アンケート調査では，ヤングケアラーの認知度は，「聞いたことがあり，内容も知っている」が 29.8%，「聞いたことはあるが，よく知らない」が 22.3%，「聞いたことはない」

が48.0%，となっている。

2020（令和2年）度子ども・子育て支援推進調査研究事業「ヤングケアラーの実態に関する調査研究報告書」（三菱UFJリサーチ＆コンサルティング株式会社政策研究事業本部，2021年3月）によると，「ヤングケアラー」と思われる子どもの実態を把握していない理由についてきいたところ，「家族内のことで問題が表に出にくく，実態の把握が難しい」が81.8%と最も高く，次いで「ヤングケアラーである子ども自身やその家族が『ヤングケアラー』という問題を認識していない」（66.8%），「虐待などに比べ緊急度が高くないため，「ヤングケアラー」に関する実態の把握が後回しになる」（36.0%）となっている。回答の上位にあがっているものは昨年度調査とほぼ同じ傾向となっている。

この結果からもわかるように，「ヤングケアラー」の問題は，家庭内のデリケートな問題であること，ヤングケアラー自身やその家族に自覚がないといった理由から支援が必要であったとしてもなかなか表面化しにくい問題である。したがって，福祉・介護機関のみでの支援だけでは十分ではなく，医療，教育等の関係機関との協力・連携が求められることになる。

具体的には，ヤングケアラーの早期発見と適切な支援につなげていくための取り組み，また，本人や家族，周りの人たちが「ヤングケアラー」に関して正しく理解をし，必要な場合には支援につなげていくといった「ヤングケアラー」に関する普及啓発活動への取り組みが重要になってくる。

注

1）厚生省「児童福祉法等の一部を改正する法律（あらまし）」1997（平成9）年6月11日，1997（平成9）年法律74号（https://www.ipss.go.jp/publication/j/shiryou/no.13/data/shiryou/syakaifukushi/627.pdf　2024年5月3日閲覧）
2）厚生労働省ホームページ「児童福祉法等の一部を改正する法律」2016（平成28）年法律第63号（https://www.mhlw.go.jp/file/05-Shingikai-11901000-Koyoukintoujidoukateikyoku-Soumuka/sankou2_5.pdf　2024年8月30日閲覧）
3）厚生労働省「児童虐待防止対策の強化を図るための児童福祉法等の一部を改正する法律（令和元年法律第46号）の概要」（https://www.mhlw.go.jp/content/01kaisei_gaiyou.pdf　2024年5月3日閲覧）
4）厚生労働法「児童福祉法等の一部を改正する法律（令和4年法律第66号）の概要」（https://www.mhlw.go.jp/content/000991032.pdf　2024年5月3日閲覧）
5）厚生労働省「児童福祉法の一部を改正する法律」の施行について，平成16年12月3日（https://www.mhlw.go.jp/bunya/kodomo/dv-fukushi-shikou.html　2024年5月3日閲覧）
6）厚生労働省ホームページ，「第1章　児童相談所の概要」「第1節　児童相談所の性格と任務」1．児童相談所の設置目的と相談援助活動の理念（https://www.mhlw.go.jp/bunya/kodomo/dv11/01-01.html　2024年5月3日閲覧）
7）児童福祉法第12条6
8）厚生労働省「福祉行政報告例」より。
9）こども家庭庁ホームページより。（https://www.mhlw.go.jp/young-carer/　2024年5月3日閲覧）

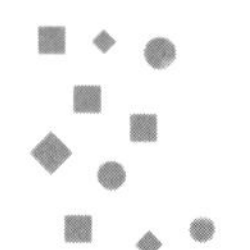

第6章　社会福祉行財政

戦後，日本国憲法，福祉六法を基礎とした行政による社会福祉実施体制が構築されてきたこともあり，私たちが社会福祉といった問題を考える場合，多くの人が国や都道府県，市町村，あるいは，福祉事務所，児童相談所といった行政機関を思い浮かべる場合が多いと思われる。しかし，これまでみてきたように，社会福祉のサービスの供給は，国や都道府県，市町村のみによって行われてきたわけではない。数多くの社会福祉法人やボランティア，個人の篤志家等が果たしてきた役割は決して小さくはない。

本章では，まず社会福祉事業がどのような組織・団体等によって提供されているのか，具体的には，行政機関，民間社会福祉事業体等の運営組織・体制について概観することにする。次に，わが国の社会福祉の財政についてみていく。いうまでもなく，社会福祉の費用の大半は公費で負担されている。国税として集められた資金が地方自治体に移転され，これに自治体は，地方税収入を加えて社会福祉事業を行うことになる。また，社会福祉法人などの民間事業者には，委託費として公費が支払われることになる。

このように，社会福祉がどのような供給機関にサービスが提供され，そのもとになる財源がどのように集められ，使われているのかを知ることは，必ずしも社会福祉に従事する者だけに必要な知識ではなく，すべての人々にとっても重要であると考える。

第１節　社会福祉の行政機関

1.1　国の行政機関

(1) 厚生労働省

社会福祉の行政機関としては，国，都道府県，市町村があげられる。国において社会福祉行政を担当するのは厚生労働省である。実際に社会福祉行政を担当する内部部局は，社会・援護局の各課と障害保健福祉部，雇用環境・均等局，子ども家庭局，老健局である。関連する部署として，健康局，職業安定局，年金局等がある。各部局では，児童，障害，高齢者等の各部門の社会福祉の企画立案，事業計画，社会福祉士・介護福祉士に関する業務等，国の社会福祉の骨子をつくり，それを円滑に推進するための業務全般を行っている。

(2) 社会保障審議会

社会保障審議会は，厚生労働省設置法第６条第１項に基づき設置されている。厚生労働省の諮問機関として，① 社会保障に関する重要事項を調査審議すること，② 人口問題に関する重要事項を調査審議すること，③ 重要事項に関し，厚生労働大臣又は関係行政機関に意見を述べること等，重要な役割をもっている（厚生労働省設置法第７条）。社会保障審議会には，統計，医療，福祉文化，介護給付費，医療保険保険料率，年金記録訂正の６つの分科会がおかれている（社会保障審議会令第５条）。

(3) 国立施設

厚生労働省が設置する附属機関として検疫所や試験研究機関，更生援護機関等があげられる。これらのうち社会福祉関係のものは更生援護機関であり，国立児童自立支援施設，国立障害者リハビリテーションセンターがある。

① **国立障害者リハビリテーションセンター**

国立障害者リハビリテーションセンターは，障害者の自立及び社会参加を支援するため，総合的な医療・福祉サービスの提供，リハビリテーション技術や福祉機器の研究開発，リハビリテーション専門職員の人材育成等，障害者リハビリテーションの中核機関としての役割を担っている。センターは，① 障害福祉サービスを提供する「自立支援局」，② 治療および医学的リハビリテーションを行う「病院」，③ 総合的リハビリテーション技術等の研究を行う「研究所」，④ 専門職員の養成および研修を行う「学院」等で構成されている。

2010(平成22)年度より，国立視力障害センター，国立別府重度障害者センター，知的障害児施設秩父学園(現・福祉型障害児入所施設)がセンターの自立支援局に統合された。

② **国立児童自立支援施設**

国立児童自立支援施設として，武蔵野学院(埼玉県)，きぬ川学園(栃木県)が設置されている。「児童福祉法」第44条に規定されている，不良行為をなし，又はなすおそれのある児童及び家庭環境その他の環境上の理由により生活指導等を要する児童を入所させ，又は保護者の下から通わせて，個々の児童の状況に応じて必要な指導を行い，その自立を支援し，あわせて退所した者について相談その他の援助を行うことを目的とする施設である。

また，国立武蔵野学院に人材育成センターを設置し，児童福祉の向上に寄与することを目的として，児童自立支援専門員その他の社

厚生労働省

- 大臣官房
  - 人事課
  - 総務課
  - 会計課
  - 地方課
  - 国際課
  - 厚生科学課
  - 情報化担当
- 医政局
  - 総務課
  - 地域医療計画課
  - 医療経営支援課
  - 医事課
  - 歯科保健課
  - 看護課
  - 医薬産業振興・医療情報企画課
  - 研究開発政策課
  - 特定医薬品開発支援・医療情報担当
- 健康・生活衛生局
  - 総務課
  - 健康課
  - がん・疾病対策課
  - 難病対策課
  - 生活衛生課
  - 食品監視安全課
  - 感染症対策部
    - 企画・検疫課
    - 感染症対策課
    - 予防接種課
- 医薬局
  - 総務課
  - 医薬品審査管理課
  - 医療機器審査管理課
  - 医薬安全対策課
  - 監視指導・麻薬対策課
  - 血液対策課
- 労働基準局
  - 総務課
  - 労働条件政策課
  - 監督課
  - 労働関係法課
  - 賃金課
  - 労災管理課
  - 労働保険徴収課
  - 補償課
  - 労災保険業務課
  - 安全衛生部
    - 計画課
    - 安全課
    - 労働衛生課
    - 化学物質対策課
- 職業安定局
  - 総務課
  - 雇用政策課
  - 雇用保険課
  - 需給調整事業課
  - 外国人雇用対策課
  - 雇用開発企画課
  - 高齢者雇用対策課
  - 障害者雇用対策課
  - 地域雇用対策課
  - 労働市場センター業務室
- 雇用環境・均等局
  - 総務課
  - 雇用機会均等課
  - 有期・短時間労働課
  - 職業生活両立課
  - 在宅労働課
  - 勤労者生活課

厚生労働省
33,759人

内部部局 4,381人
地方支分部局 23,481人
施設等機関 5,799人
外局 98人

図 6-1　厚生

(出典)厚生労働省「2024　厚生労働省　業務ガイド」p.34(https://www.mhlw.go.jp/

労働省の組織

general/saiyo/pamphlet/dl/2024-guide_16.pdf　2024年５月３日閲覧）

会福祉に従事する職員の養成及び研修等を実施している。

(4) 独立行政法人国立重度知的障害者総合施設のぞみの園

国立のぞみの園は，1971(昭和 46)年に重度の知的障害がある人達に対する自立のための総合的な支援の提供や，支援に関する調査や研究等を行うことにより，知的障害者の福祉の向上を図ることを目的として設立された。2003(平成 15)年 10 月 1 日，独立行政法人の組織となり，現在の名称に変更された。のぞみの園では，① 重度の知的障害者の自立のための先導的・総合的な施設の設置・運営のほか，② 知的障害者の自立と社会経済活動への参加を促進するための効果的な支援の方法に関する調査，研究及び情報の提供，③ 障害者支援施設において，知的障害者の支援の業務に従事する者の養成及び研修等を行っている。

(5) 独立行政法人福祉医療機構

福祉医療機構は，特殊法人改革により，社会福祉・医療事業団の事業を継承して，2003(平成 15)年に設立された独立行政法人である。福祉医療機構では，社会福祉施設の計画的整備や質の高い効率的な医療提供体制の構築といった福祉医療の基盤整備を進める事業を行っている。具体的には，社会福祉施設及び医療施設の整備のための貸付事業，施設の安定経営をバックアップするための経営診断・指導事業，社会福祉を振興するための事業に対する助成事業，社会福祉施設職員などのための退職手当共済事業，心身障害者扶養保険事業，福祉保健医療情報を提供する事業，年金受給者の生活支援のための資金を融資する事業及び年金資金運用基金から承継した年金住宅融資等債権の管理・回収業務等，多岐にわたる事業を展開している。

1.2　地方自治体による社会福祉行政

都道府県・市町村における社会福祉行政の責任者は，都道府県知事および市長である。また，行政部署の各名称は，民生部，福祉部，生活福祉部等さまざまであり，各都道府県・市町村によって異なる。

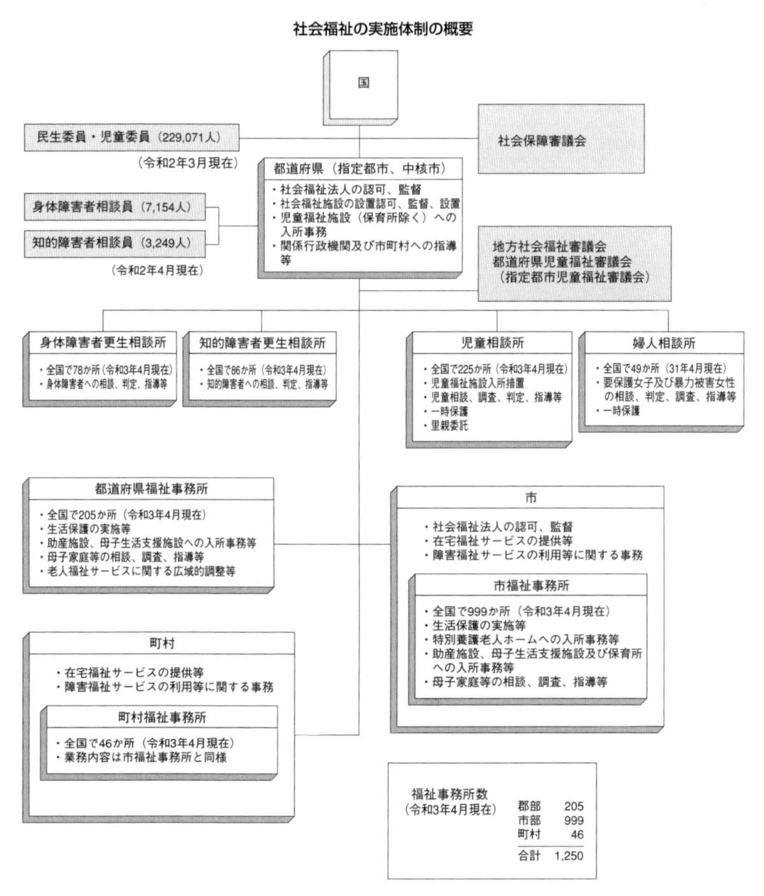

図 6-2　社会福祉の実施体制

(出典)厚生労働省『令和3年版　厚生労働白書』p.194

社会福祉行政の第一線機関として，福祉事務所がある。1990(平成2)年の福祉関係八法改正以降，社会福祉行政上の責任と権限は市町村が多くを受けもつようになった。

■ 福祉事務所

(1) 福祉事務所

福祉事務所は，社会福祉事業法(現・社会福祉法)に基づいて，生活保護法，児童福祉法，身体障害者福祉法の三法(福祉三法)を担当する行政機関として，1951(昭和26)年に創設された。その後，精神薄弱者福祉法(現・知的障害者福祉法)，老人福祉法，母子福祉法(現・母子及び父子並びに寡婦福祉法)の制定に伴い，福祉事務所は福祉六法に定める援護，育成，更生等の措置に関する事務や社会福祉に関する事務を実施する社会福祉行政の第一線の機関として位置づけられた。都道府県及び市(特別区を含む。)は設置が義務付けられ，町村は任意で設置することができる。

福祉事務所には，社会福祉法第15条に基づいて，「所長」，現業事務の指導監督を担当する「査察指導員」，福祉六法に定める措置に関する現業事務を担当する「現業員」，事務を担当する所員が配置されている。「査察指導員」，「現業員」は社会福祉主事の資格を必要とする(社会福祉法第15条)。このほか，老人福祉の業務に従事する社会福祉主事，身体障害者福祉司，知的障害者福祉司などが配置されている福祉事務所がある。

■ 相談所

(2) 児童相談所

児童相談所は，児童福祉法第12条において規定されている児童福祉行政の第一線の専門機関である。業務内容は，① 家庭や学校や地域などからの相談に応じ，調査，判定，指導を実施すること，② 施設入所や里親委託などの措置を行う。また，児童相談所には一時保護所が併設されているところもあり，24 時間体制で子どもを保護し，行動観察，短期間の入所指導を行っている。都道府県と指定都市については義務設置となっている。

児童相談所には，所長のほか，医師，児童福祉司，児童心理司，心理療法担当職員，保健師，保育士などがおかれている。

(3) 身体障害者更生相談所

身体障害者更生相談所は，身体障害者福祉法第 11 条において規定されている身体障害者福祉行政の第一線の専門機関である。業務内容は，① 身体障害者及びその家族からの相談や指導に対応し，専門的な技術援助指導を行う。② 身体障害者への医学的，心理学的，職能的評価や判定，③ 補装具の処方や適合判定，などを行う。また，来所の困難な人への巡回指導も行っている。都道府県には設置が義務づけられている。政令指定都市については任意設置となっている。

身体障害者更生相談所には，身体障害者福祉司のほか，医師，心理判定員，理学療法士，作業療法士などが配置されている。

(4) 知的障害者更生相談所

知的障害者更生相談所は，知的障害者福祉法第 12 条において規定されている知的障害者福祉行政の第一線の専門機関である。業務内容は，① 知的障害者およびその家族からの相談や指導に対応し，専門的な技術援助指導を行う，② 知的障害者への医学的，心理学的，職能的評価や判定，などを行う。また，来所の困難な人への巡回指導も行っている。都道府県には設置が義務づけられている。政令指定都市については任意設置となっている。

知的障害者更生相談所には，知的障害者福祉司のほか，医師，心理判定員，職能判定員などが配置されている。

(5) 精神保健福祉センター

精神保健福祉センターは，精神保健及び精神障碍者福祉に関する法律において規定されている精神障害者福祉行政の第一線の専門機関である。業務内容は，① 心の病気やアルコール依存症，思春期の悩みなどの治療指導や相談，② 精神保健の調査，研究，③ 市町村に対する技術的助言，などを行う。都道府県，政令指定都市に設置されている。

精神保健福祉センターには，精神科医，精神保健福祉士，臨床心理技術者等の専門職員が配置されている。

(6) 婦人相談所

婦人相談所は，売春防止法第 34 条第 1 項において規定されている婦人保護福祉行政の第一線の専門機関である。業務内容は，① 保護更生のための相談，② 要保護女子やその家庭について必要な調査や医学的，心理学的，職能的評価や判定，③ 要保護女子の一時保護，などを行う。都道府県については設置が義務づけられている（各都道府県には原則 1 か所設置）。

婦人相談所には，婦人相談員が配置されている。都道府県には必置，市は任意設置となっている。

■ 審議会

地方公共団体において，都道府県，指定都市，中核市に地方社会福祉審議会，都道府県(指定都市，中核市)児童福祉審議会が設置されている。また，市町村には，必要に応じて，市町村児童福祉審議会を設置することができる。このほか，地方公共団体に障害者計画，子ども・子育て支援事業計画等を審議する機関が設置されている。

第２節　社会福祉の民間組織

2.1　社会福祉法人

社会福祉法人は，社会福祉法第 22 条に基づき，「社会福祉事業を行うことを目的として，この法律の定めるところにより設立された法人をいう。」と定義されている。所轄庁は，原則として法人の主な事務所が所在する都道府県とされるが，法人の事業が法人の主な事務所の所在する市の区域を超えない場合は当該市がその所轄庁となる。

社会福祉事業には第 1 種社会福祉事業と第 2 種社会福祉事業がある。第 1 種社会福祉事業は，利用者への影響が大きいため，経営安定を通じた利用者の保護の必要性が高い事業(主として入所施設サービス)である。経営主体は行政または社会福祉法人が原則で，開設にあたり，所轄する都道府県知事等への届け出が必要となる。

一方，第 2 種社会福祉事業は，比較的利用者への影響が小さいため，公的規制の必要性が低い事業(主として在宅サービス)である。経営主体に制限がないが，開設のさいは，所轄する都道府県知事等への届け出が必要である。

社会福祉法人は，目的とする「社会福祉事業」に支障のない限り，「従たる事業」としての「公益事業」(公益を目的に社会福祉を行う事業)

や「収益事業」(収益を社会福祉事業や公益事業にあてるための事業)を行うことができる。

2.2　社会福祉協議会

社会福祉協議会は，社会福祉法に基づく地域福祉の増進を図ることを目的とする団体であって，一定の地域において，社会福祉を目的とする事業を経営する者，社会福祉に関する活動を行う者などの参加を得て，社会福祉を目的とする事業の企画・実施，社会福祉に関する活動への住民の参加のための援助などを行う民間組織である。

社会福祉協議会は，「社協」の愛称で知られ，全国社会福祉協議会，都道府県社会福祉協議会，市区町村社会福祉協議会があり，政令指定都市は，都道府県社会福祉協議会に準じた活動を行っている。都道府県・政令指定都市社会福祉協議会では，社会福祉従事者の養成研修，社会福祉を目的とする事業に移管する指導助言として，福祉利用者の権利保護のための「日常生活自立支援事業(福祉サービス利用援助事業)」や，苦情解決の仕組みとしての「運営適正化委員会」も担っている。

2.3　共同募金会

共同募金は，社会福祉法人である共同募金会によって，都道府県ごとに組織され，年に一度「赤い羽根」として募金活動と国民の福祉啓発が行われている。『社会福祉法人中央共同募金会定款』第１条には，「たすけあいの精神を基調として，全国的視野における社会福祉事業及びその他の社会福祉を目的とする事業の健全な発達及び社会福祉に関する活動の活性化により，地域福祉の推進を図るために，共同募金事業を行う」ことをその事業の目的としている。

2.4　特定非営利活動法人（NPO 法人）

特定非営利活動法人（NPO：Non-Profit Organization）法人は，「特定非営利活動促進法（NPO 法）」に定められた法人である。NPO 法の第一条で，その目的を「特定非営利活動を行う団体に法人格を付与すること並びに運営組織及び事業活動が適正であって公益の増進に資する特定非営利活動法人の認定に係る制度を設けること等により，ボランティア活動をはじめとする市民が行う自由な社会貢献活動としての特定非営利活動の健全な発展を促進し，もって公益の増進に寄与する」と定めている。

そして，第 2 条で「特定非営利活動」の定義を「この法律において『特定非営利活動』とは，別表に掲げる活動に該当する活動であって，不特定かつ多数のものの利益の増進に寄与することを目的とするものをいう。」と定めている。具体的には，以下の活動をあげている（別表　第 2 条関係）。

① 保健，医療又は福祉の増進を図る活動，② 社会教育の推進を図る活動，③ まちづくりの推進を図る活動，④ 観光の振興を図る活動，⑤ 農山漁村又は中山間地域の振興を図る活動，⑥ 学術，文化，芸術又はスポーツの振興を図る活動，⑦ 環境の保全を図る活動，⑧ 災害救援活動，⑨ 地域安全活動，⑩ 人権の擁護又は平和の推進を図る活動，⑪国際協力の活動，⑫男女共同参画社会の形成の促進を図る活動，⑬子どもの健全育成を図る活動。⑭情報化社会の発展

を図る活動，⑮科学技術の振興を図る活動，⑯経済活動の活性化を図る活動，⑰職業能力の開発又は雇用機会の拡充を支援する活動，⑱消費者の保護を図る活動，⑲前各号に掲げる活動を行う団体の運営又は活動に関する連絡，助言又は援助の活動，⑳前各号に掲げる活動に準ずる活動として都道府県又は指定都市の条例で定める活動。

第3節　社会福祉の財政

3.1　社会保障関係費

(1) 国の財政

社会保障関係費とは，社会保険(医療や年金)や介護・福祉・その他の社会保障制度に必要な費用のことである。2024(令和6)年度(令和5年度予算ベース)の社会保障給付費は約134.3兆円である。内訳としては，年金(国民年金，厚生年金等)が60.1兆円で社会保障関係費全体の44.8%(約5割)，医療(国民健康保険，後期高齢者医療給付費負担金等)が41.6兆円で社会保障関係費全体の31.3%(約3割)，福祉その他が32.5兆円(内，介護13.5兆円，こども・子育て10.0兆円)で社会保障関係費全体の24.2%(約2割)を占める(図6-3)。

この国民が利用した年金や医療，福祉サービス対し，国および地方自治体(都道府県，市町村等)が支払った金銭等のサービスの合計である社会保障給付費は年々増加の一途をたどっている。社会保障給付費(134.3兆円)を保険料(約6割)と公費(国・地方)(約4割)などの組合せにより賄っている。社会保障に対する国庫負担は30兆円を超え，一般歳出の50.7%を占めている。

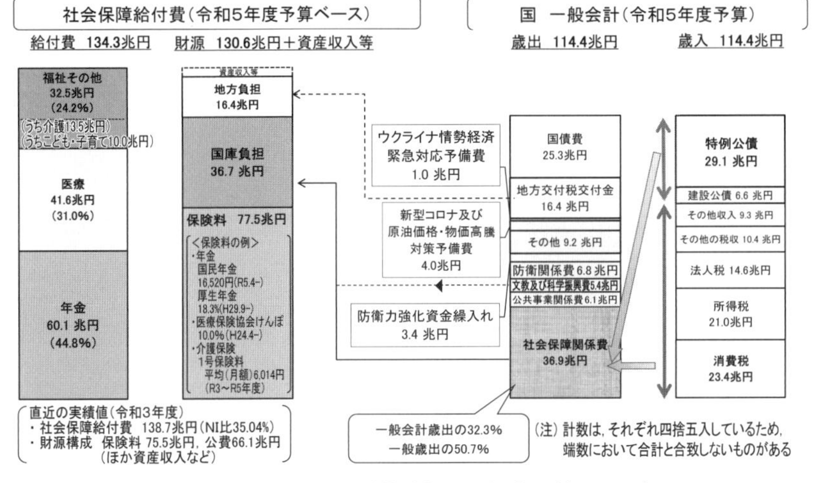

図 6-3　社会保障給付費（令和５年度予算ベース）

（出典）厚生労働省，令和６年度予算案 国の一般歳出における社会保障関係費（https://www.mhlw.go.jp/content/12600000/001240041.pdf　2024 年５月３日閲覧）

(2) 地方公共団体の財政

地方公共団体（都道府県・市区町村等）の財政の予算制度は地方自治法で統一的に定められている。地方公共団体の財政は国と同様に一般会計と特別会計に分けられている。特別会計の中には，一般行政活動に係るものと企業活動等に係るものがある。このため，地方財政では，これらの会計を一定の基準によって，一般行政部門とそれ以外の部門（水道，交通，病院等の公営企業や国民健康保険等の部門）に分け，前者を「普通会計」，後者を「公営事業会計」として区分している。

2022（令和 4）年度の地方公共団体の普通会計の純計決算額の状況

は，歳入121兆9,452億円（前年度128兆2,911億円），歳出117兆3,557億円（同123兆3,677億円）となっていて，前年度と比べると，新型コロナウイルス感染症対策関連経費の減少等により，歳入・歳出ともに減少している。

①歳　入（図6-4）

歳入純計決算額は121兆9,452億円で，前年度と比べると4.9%減となっている。主な内訳の状況は，地方税が最も高い割合（36.1%）を占めている。次いで，国庫支出金（21.9%），地方交付税（15.3%）がこれに続いている。法人関係二税（法人住民税及び法人事業税）の増加等により，前年度と比べると3.9%増となっている。地方譲与税は，特別法人事業譲与税の増加等により，前年度と比べると12.9%増となっている。地方特例交付金等は，新型コロナウイルス感染症対策地方税減収補填特別交付金の減少等により，前年度と比べると51.0%減となっている。地方交付税は，国税収入の補正等に伴う増

区分	決算額		構成比		増減額	増減率
	令和4年度	令和3年度	4年度	3年度		
地方税	440,522	424,089	36.1	33.1	16,432	3.9
地方譲与税（*）	27,621	24,468	2.3	1.9	3,153	12.9
地方特例交付金等（*）	2,227	4,547	0.2	0.4	△ 2,320	△51.0
地方交付税	186,310	195,049	15.3	15.2	△ 8,739	△ 4.5
小計（一般財源）	656,679	648,153	53.9	50.5	8,527	1.3
（一般財源+臨時財政対策債（*））	673,081	692,366	55.2	54.0	△19,284	△ 2.8
国庫支出金	267,115	320,716	21.9	25.0	△53,601	△16.7
地方債	87,812	117,454	7.2	9.2	△29,641	△25.2
うち臨時財政対策債	16,402	44,213	1.3	3.4	△27,811	△62.9
その他	207,845	196,588	17.0	15.2	11,257	5.7
合計	1,219,452	1,282,911	100.0	100.0	△63,459	△ 4.9

（注）国庫支出金には、交通安全対策特別交付金及び国有提供施設等所在市町村助成交付金を含む。

図6-4　歳入純計決算額の状況（単位　億円・%）

（出典）総務省『地方財政の状況』令和6年3月，p.12

加幅が縮小したこと等により，前年度と比べると4.5%減となっている。

その結果，一般財源は，前年度と比べると1.3%増となっている。なお，一般財源に臨時財政対策債を加えた額は2.8%減となっている。国庫支出金は，新型コロナウイルス感染症対応地方創生臨時交付金の減少等により，前年度と比べると16.7%減となっている。地方債は，臨時財政対策債の減少等により，前年度と比べると25.2%減となっている。その他は，基金からの繰入金の増加等により，前年度と比べると5.7%増となっている。

②歳　　出

地方公共団体の経費は，その行政目的によって，総務費，民生費，衛生費，労働費，農林水産業費，商工費，土木費，消防費，警察費，教育費，公債費等に大別することができる。歳出純計決算額は117兆3,557億円で，前年度と比べると4.9%減となっている。2022(令和4)年度の目的別歳出の構成比をみると，民生費が最も多く(25.8%)，教育費(15.1%)，土木費・公債費(ともに，10.6%)がそれに次いでいる。

目的別歳出決算額の構成比を団体区分別にみると，(図6-5)のとおりである。都道府県においては，政令指定都市を除く市町村立義務教育諸学校教職員の人件費を負担していること等により，教育費が最も大きな割合を占め，以下，民生費，商工費，公債費の順となっている。市町村においては，児童福祉，生活保護に関する事務(町村については，福祉事務所を設置している町村に限る。)等の社会福祉事務の比重が高いこと等により，民生費が最も大きな割合を占め，

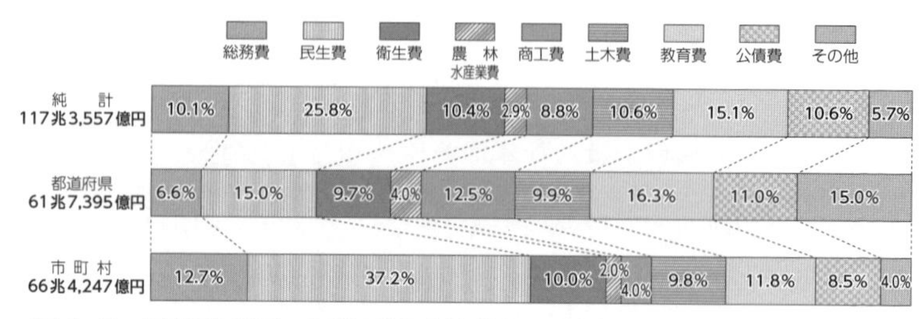

図 6-5　団体区分別の目的別歳出決算額の構成比の状況（令和 4 年度）
（出典）総務省『地方財政の状況』令和 6 年 3 月，p.15

以下，総務費，教育費，衛生費の順となっている。

このことからもわかるように，都道府県・市町村等において，目的別歳出純計決算額の構成比の推移は，社会保障関係費の増加を背景に，全区分の中で民生費が大きな割合を占めている。

国と地方公共団体の費用負担の割合は事業ごとに決められているが，財政難を背景に 1985（昭和 60）年以降は国の負担割合が引き下げられる傾向にあり，地方財政への負担が増大している傾向にある。また，福祉サービス利用者の費用負担の方法には，「応益負担」と「応能負担」の方法がある。「応益負担」は，利用したサービス量による負担額を決める方法であり，「応能負担」は，サービスの利用量にかかわらず所得に応じた負担額を決める方法である。

「応益負担」には，利用したサービス量が多くなるほど負担額が高くなるため，サービスの必要量が多い利用者は経済的負担が重くなるという課題があり，「応能負担」には，利用者の経済的負担の軽重がサービスの利用に影響を与えてしまうという課題が存在する。

◆ 参考文献

ミネルヴァ書房編集部編「社会福祉小六法 2024」ミネルヴァ書房，2024 年
社会福祉の動向委員会編集『社会福祉の動向 2024』中央法規出版 2023 年
厚生労働統計協会編『国民の福祉と介護の動向 2022/2023』2022 年

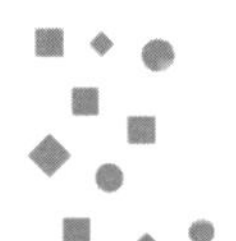

第7章　社会保障

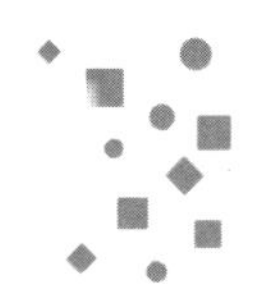

社会保障制度は，第二次世界大戦後に，「日本国憲法」が制定されたことを契機に整備された。日本国憲法第25条に国民の生存権が示されたことにより，国の諮問機関である社会保障審議会による1950(昭和25)年の勧告に基づいて，社会保障とは「国民の生活の安定が損なわれた場合に，国民に健やかで安心できる生活を保障すること」，つまり，日本国憲法に定める「最低限度の生活保障」として社会保障に関する取り組みが行われてきた。

社会保障制度とは，個人の責任や自助努力だけでは対応が難しい不測の事態に対して，生活を保障し，生活の安定を図るための公的な制度のことをいう。社会保障の機能としては，① 生活安定・向上機能，② 所得再分配機能，③ 経済安定機能の3つがある。これらの機能は，相互に重なり合いながら国民の暮らしの基盤を支える役割を担っていると考えることができる。わが国において社会保障制度は，「社会保険」，「公的扶助」，「社会福祉」，「公衆衛生および医療」の4つを指す場合が多く，「社会福祉」は社会保障制度の一分野として位置づけられている。

高度成長期に入り，1961(昭和36)年には国民皆保険，皆年金を実現させた。しかし，高齢化の進展や核家族化等が急激に進むことによって，1995(平成7)年には，「社会保障体制の再構築に関する勧告－安心して暮らせる21世紀の社会を目指して」(社会保障審議会)が社会連帯を目指すという新たな社会保障制度の考えを示した。その後，1997(平成 9)年に介護保険制度が制定，2000(平成 12)年に実施されることにより，介護の領域が社会福祉制度から社会保険制度へと移行されることになった。

2012(平成 24)年８月には「社会保障制度改革推進法」が公布された。この法律の第１条には，「安定した財源を確保しつつ受益と負担の均衡がとれた持続可能な社会保障制度の確立を図るため，社会保障制度改革について，その基本的な考え方その他の基本となる事項を定める」という目的が明記されている。また，第２条第１項には，「自助，共助及び公助が最も適切に組み合わされるよう留意しつつ，国民が自立した生活を営むことができるよう，家族相互及び国民相互の助け合いの仕組みを通じてその実現を支援していくこと。」と，この法律の基本的な考え方が記されている。

その後，2017(平成 29)年の「地域包括ケアシステムの強化のための介護保険法等の一部を改正する法律」，2020(令和 2)年の「地域共生社会の実現のための社会福祉法等の一部を改正する法律」によって，当初は，生活困窮者に対する支援であった社会保障制度が地域社会における多様な人々の支え合いと共生によるケアの実現という目標を目指して改革と再編成が推進されるようになった。

しかし，一方で，国民の自助を前提とする格差の拡大，市町村の財政や地域包括ケアを実現するための基盤整備の状況等が地域によって異なることによる「地域間格差」の増大につながる可能性があることも指摘されていることから，今後の社会保障制度の改革や再編成について注視していく必要がある。

第1節　社会保障制度の概念

日本の社会保障制度は，「社会保険」「公的扶助」「公衆衛生・保健医療」「社会福祉」の４つの柱で構成されている。国民の安心や生活の安定を支えるセーフティネットのことである。そして，社会保障は，これらの上位概念として位置づけられている。社会保障制度は，「ゆりかごから墓場まで」といわれるように，誕生から死を迎えるまでのすべての年代にわたって関わりのある制度である。社会保障制度の充実度が私たちの生活の充実度を語る上で大きな役割を果たしている制度であるといっても過言ではない(図7-1)。

「社会保険」は，国民が病気，けが，出産，死亡，老齢，障害，失業など生活上の困難をもたらす出来事(保険事故)が発生した場合に，被保険者があらかじめ拠出した保険料をもとに，一定の現金や現物の給付を行い，その生活の安定を図ることを目的とした強制加入の保険制度である。病気やけがをした場合に医療にかかることのできる医療保険，老齢・障害・死亡等に伴う稼働所得の減少を補填し，高齢者，障害者及び遺族の生活を所得面から保障する年金制度，加齢に伴い要介護状態となった者を社会全体で支える介護保険制度等がある。

「公的扶助」は，現在，生活に困窮している状態にある者に対して，健康で文化的な最低限度の生活を保障する制度。国家が租税を用いて最低生活費に足りない部分の金品を支給する生活保護制度がある。「公衆衛生・保健医療」は，国民が健康に生活できるように，疾病の予防，健康の維持増進等，地域社会で展開される活動である。医師

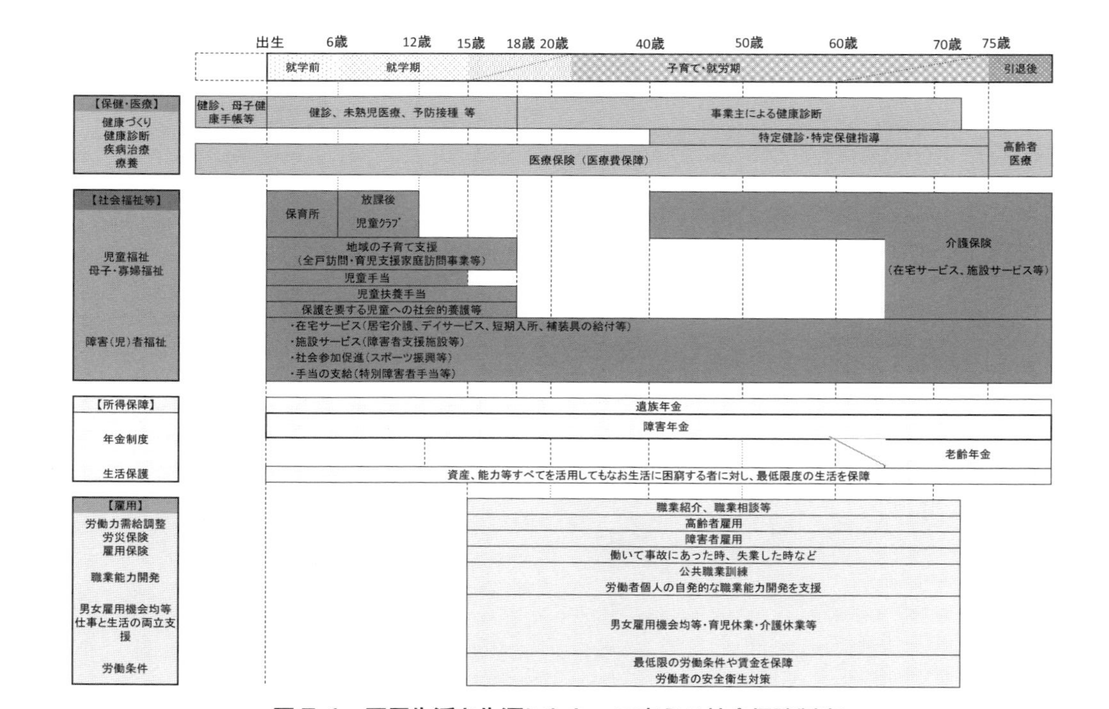

図 7-1　国民生活を生涯にわたって支える社会保障制度

（出典）厚生労働省ホームページ,「社会保障とは何か」(https://www.mhlw.go.jp/stf/newpage_21479.html　2024 年 5 月 3 日閲覧)

その他の医療従事者や病院などが提供する医療サービス，疾病予防，健康づくりなどの保健事業，母性の健康を保持・増進する母子保健，食品や医薬品の安全性を確保する公衆衛生がある。

「社会福祉」は，子ども，要支援・介護高齢者，障害者，生活困窮者等，社会生活をする上でさまざまなハンディキャップを負っている国民が，安心して社会生活を営めるよう，公的な支援を行う制度である。子ども，高齢者，障害者等が円滑に社会生活を営むことができるよう，対人援助を中心とした公的な生活支援の仕組み(在宅・施設サービス)，法制度・施策等がある。

第2節　社会保障の機能

社会保障の機能としては，① 生活安定・向上機能，② 所得再分配機能，③ 経済安定機能の3つをあげることができる。そして，この3つの機能は，相互に重なり合っていることが多いといえる。

2.1　生活安定・向上機能

私たちの生涯は，一生涯にわたり，安全・安心な生活を送るわけではない。私たちは，社会生活を営む上で，さまざまな危険(リスク)を負っているといえる。しかし，病気や怪我の場合には，医療保険により必要な医療を受けることができ，仕事を定年退職した場合には，老齢年金を受け，高齢により何らかの介護を受けるようになった場合には，介護保険により安定した生活を送ることができる。このように，社会保障制度は，私たちが社会生活を歩む中で遭遇する可能性のあるさまざまな危険(リスク)を恐れず，日常生活を送ることができるとともに，人それぞれのさまざまな目標に挑むことができ，そのことが最終的には，社会全体の活力につながっていくことになる。

2.2　所得再分配機能

社会全体で低所得者の生活を支えるものである。たとえば，高所得層から資金を調達して，低所得層へ，その資金を移転したり，稼得能力のある人々から稼得能力のない人々に所得を移転したりする。たとえば，公的年金制度は保険料を主要財源とした，現役世代から高齢世代への世代間の所得再分配といえる。また，所得再分配には，現金給付だけでなく，現物給付(医療・保育サービス等)による方法もある。

2.3　経済安定機能

経済変動による国民生活への影響を緩和し，経済を安定させるための機能である。たとえば，雇用保険制度は，失業中の家計収入を支える効果に加え，個人消費の減少による景気の落ち込みを抑制する効果がある。また，公的年金制度は，経済不況期においても継続的に一定の額の現金が支給され，高齢者等の生活を安定させるだけでなく，消費活動を支えることにより，経済社会の安定に寄与している。

図 7-2　医療保険制度の体系

<table>
<tr><th></th><th colspan="2">制度</th><th>被保険者</th><th>保険者</th><th>給付事由</th></tr>
<tr><td rowspan="5">医療保険</td><td rowspan="2">健康保険</td><td>一般</td><td>健康保険の適用事業所で働く人（民間会社の勤労者）</td><td>全国健康保険協会，健康保険組合</td><td rowspan="3">業務外の病気・けが，出産，死亡</td></tr>
<tr><td>法第3条第2項の規定による被保険者</td><td>健康保険の適用事業所に臨時に使用される人や季節的事業に従事する人等（一定期間をこえて使用される人を除く）</td><td>全国健康保険協会</td></tr>
<tr><td>船員保険（疾病部門）</td><td colspan="2">船員として船舶所有者に使用される人</td><td>全国健康保険協会</td></tr>
<tr><td>共済組合（短期給付）</td><td colspan="2">国家公務員，地方公務員，私学の教職員</td><td>各種共済組合</td><td rowspan="2">病気・けが，出産，死亡</td></tr>
<tr><td>国民健康保険</td><td colspan="2">健康保険・船員保険・共済組合等に加入している勤労者以外の一般住民</td><td>市（区）町村</td></tr>
<tr><td>退職者医療</td><td>国民健康保険</td><td colspan="2">厚生年金保険など被用者年金に一定期間加入し，老齢年金給付を受けている65歳未満等の人</td><td>市（区）町村</td><td>病気・けが</td></tr>
<tr><td>高齢者医療</td><td>後期高齢者医療制度</td><td colspan="2">75歳以上の方および65歳～74歳で一定の障害の状態にあることにつき後期高齢者医療広域連合の認定を受けた人</td><td>後期高齢者医療広域連合</td><td>病気・けが</td></tr>
</table>

（出典）全国健康保険協会ホームページ（https://www.kyoukaikenpo.or.jp　2024年5月3日閲覧）

第3節　医療保険制度の概要

公的保険制度は，健康保険や厚生年金保険，介護保険，労働災害保険，雇用保険等がある。一般的には社会保険といわれる。社会保険は，人を雇用している事業所では規模の大小にかかわらず加入が義務づけられている。雇用されていない自営業者や無職の場合には，市町村が運営する国民健康保険や国民年金制度への加入が義務づけられている。

3.1　健康保険制度

日本の医療保険制度は，職域によって加入する制度が異なる。大きく分けると，農業や自営業等を営む人たちが加入する「国民健康保険」と会社や工場，商店等で働く人が加入する「健康保険」の2つがある。健康保険は，各事業所に勤務する従業員やその家族に病気やけが，出産等が発生した場合には，医療保険や手当金等の支給により，生活を安定させることを目的としている。保険料の負担については，雇用する事業主と加入する従業員（被保険者）が折半（2分の1）ずつ負担する。雇用されていない自営業者や無職の場合に加入することになる国民健康保険については，全額自己負担が原則となっている。

加入者の窓口負担割合は，年齢に応じて，6歳までは2割負担，69歳までは3割負担，70歳から74歳までは原則2割負担，75歳以上は原則1割負担となっている。ただし，所得状況等によってこの割合が変更となる場合がある。たとえば，後期高齢者医療制度に加入している人（被保険者）の窓口負担割合は，一般所得者等は1割，一定以上の所得がある人は2割，現役並み所得者は3割とされている。

第4節　年金保険制度の概要

年金保険制度について，国民年金法には次のように示されている。「国民年金制度は，日本国憲法第25条第2項に規定する理念に基づき，老齢，障害又は死亡によって国民生活の安定がそこなわれることを国民の共同連帯によって防止し，もって健全な国民生活の維持及び向上に寄与することを目的とする。」とある。いうまでもなく，日本国憲法第25条第2項とは，「国は，すべての生活部面について，社会福祉，社会保障及び公衆衛生の向上及び増進に努めなければならない。」である。

このように年金保険制度(国民年金制度・公的年金制度と同義)は，自分自身や家族に発生する可能性のあるさまざまな生活上の困難に対し，生活上の安定を損なわないための制度であるということができる。わが国の年金保険制度は，個人が支払った保険料を積み立てて，その運用益とともに個人に返すという「積立方式」を採るのではなく，現役世代の支払う保険料によって高齢者の年金給付を賄うという「賦課方式」(世代間扶養の仕組み)によって成り立っていることに注意を払う必要がある。

2012(平成24)年の「社会保障と税の一体改革」における年金改正により，2015(平成27)年10月より公務員および私学教職員も厚生年金に加入するようになった。また，将来の無年金者の発生を抑えるために，2017(平成29)年8月に老齢基礎年金の受給資格期間が25年から10年に短縮されることとなった。

4.1 国民年金（基礎年金）

国民年金の実施主体は政府(国)であり，事務窓口は年金事務所である。被保険者(健康保険に加入し，病気やけが等をしたときに必要な給付を受けることができる人)は，日本国内に住所を有する20歳以上60歳未満のすべての者が加入しなければならない「強制加入」である。被保険者は，第1号被保険者，第2号被保険者，第3号被保険者の3つに区分される(図7-3)。

(1) 老齢基礎年金

老齢基礎年金は，保険料納付済期間（国民年金の保険料納付済期間や厚生年金保険，共済組合等の加入期間を含む）と保険料免除期間などを合算した受給資格期間が 10 年以上ある場合に，65 歳から受け取ることができる。2017（平成 29）年 7 月 31 日までは受給資格期間が 25 年以上必要であったが，法律の改正により 2017（平成 29）年 8 月 1 日から受給資格期間が 10 年に短縮されることになった。65 歳後に受給資格期間の 10 年を満たした場合は，受給資格期間を満たしたときから老齢基礎年金を受け取ることができる。

60 歳から 65 歳までの間に繰上げて減額された年金を受け取る「繰上げ受給」や，66 歳から 75 歳までの間に繰下げて増額された年金を受け取る「繰下げ受給」を選択することができる。20 歳から 60 歳になるまでの 40 年間の保険料をすべて納めると，満額の老齢基礎年金を受け取ることができる。2024（令和 6）年度の年金額（満額）は，年額 816,000 円（月額 68,000 円）である。＊ 1956（昭和 31）年 4 月 1 日

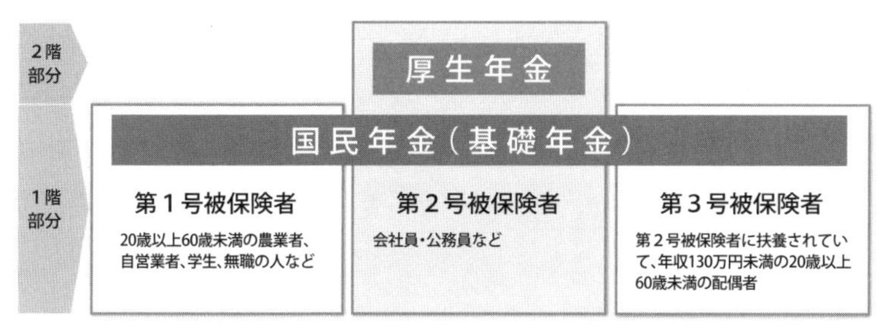

図 7-3　公的年金制度の種類と加入する制度

（出典）日本年金機構『知っておきたい年金のはなし』2024 年 4 月 1 日，p.4（https://www.nenkin.go.jp/service/pamphlet/seido-shikumi.files/shitteokitai.pdf 2024 年 5 月 3 日閲覧）

以前に生まれた者は，年額 813,700 円(月額 67,808 円)である。

(2) 障害基礎年金

次の 1 から 3 のすべての要件を満たしているときは，障害基礎年金が支給される。

① 障害の原因となった病気やけがの初診日(障害の原因となった傷病について，初めて医師の診療を受けた日)が次のいずれかの間にあること。

・国民年金加入期間。あるいは，20 歳前または日本国内に住んでいる 60 歳以上 65 歳未満で年金制度に加入していない期間

② 障害の状態が，障害認定日(障害認定日以後に 20 歳に達したときは，20 歳に達した日)に，障害等級表に該当していること。

③ 初診日の前日に，初診日がある月の前々月までの被保険者期間で，国民年金の保険料納付済期間(厚生年金保険の被保険者期間，共済組合の組合員期間を含む)と保険料免除期間をあわせた期間が 3 分の 2 以上あること。

ただし，初診日が 2026(令和 8)年 4 月 1 日前にあるときは，初診日において 65 歳未満であれば，初診日の前日において，初診日がある月の前々月までの直近 1 年間に保険料の未納がなければよいことになっている。また，20 歳前の年金制度に加入していない期間に初診日がある場合は，納付要件は不要である。

2024(令和 6)年 4 月分からの障害基礎年金の年金額は，1 級(昭和 31 年 4 月 2 日以後生まれの者)は，1,020,000 円(年額)，1 級(昭和 31 年 4 月 1 日以前生まれの者)は，1,017,125 円(年額)である。2 級(昭和 31 年 4 月 2 日以後生まれの者)は，816,000 円(年額)，2 級(昭和 31 年

4月1日以前生まれの者）は，813,700円（年額）である。子がいる場合は2人までは，1人につき234,800円，3人目以降は，1人につき78,300円の子の加算額がつくことになる。

(3) 遺族基礎年金

次の1から4のいずれかの要件を満たしている方が死亡したときに，遺族に遺族基礎年金が支給される。

① 国民年金の被保険者である間に死亡したとき
② 国民年金の被保険者であった60歳以上65歳未満の方で，日本国内に住所を有していた方が死亡したとき
③ 老齢基礎年金の受給権者であった方が死亡したとき
④ 老齢基礎年金の受給資格を満たした方が死亡したとき

「遺族」とは，「子のある配偶者」または，「子」である。「子」とは18歳になった年度の3月31日までにある者，または，20歳未満で障害年金の障害等級1級または2級の状態にある者をいう。「子のある配偶者」が遺族基礎年金を受け取っている間や，「子」に生計を同じくする父または母がいる間は，子には遺族基礎年金は支給されない。

2024（令和6）年4月分からの遺族基礎年金額は，「子のある配偶者」で，昭和31年4月2日以後生まれの者は，816,000円（年額），昭和31年4月1日以前生まれの者は，813,700円である。「子」がいる場合は，1人目および2人目の子の加算額が各234,800円，3人目以降の子の加算額は，各78,300円となる。

4.2 厚生年金保険

厚生年金保険に加入している会社，工場，商店，船舶，官公庁等の適用事業所に常時使用される70歳未満の者は，国籍や性別，年金の受給の有無にかかわらず，厚生年金保険の被保険者となる。厚生年金保険は，事業所単位で適用される。事業所には，「強制適用事業所」と「任意適用事業所」がある。

「強制適用事業所」とは，株式会社などの法人の事業所(事業主のみの場合を含む)である。また，従業員が常時5人以上いる個人の事業所も農林漁業，サービス業などの場合を除いて厚生年金保険の適用事業所となる。被保険者となるべき従業員を使用している場合は，必ず加入手続きをしなければならない。2020(令和4)年10月からは「法律・会計にかかる業務を行う士業」に該当する個人事業所のうち，常時5人以上の従業員を雇用している事業所は，強制適用事業所となった。「任意適用事業所」とは，前述した適用事業所以外の事業所であっても，従業員の半数以上が厚生年金保険の適用事業所となることに同意し，事業主が申請して厚生労働大臣の認可を受けることにより適用事業所となることができる。

(1) 老齢厚生年金

厚生年金保険の被保険者であって，① 65歳以上(60歳からの繰上げ支給や66歳以降の繰下げ支給も可能)，② 厚生年金保険の被保険者期間が1月以上ある，③ 老齢基礎年金を受けるために必要な資格期間がある。また，次の資格を満たしている者は，60歳から65歳までの間に，特別支給の老齢厚生年金が支給される。① 60歳以上，② 厚生年金保険の被保険者期間が1年以上ある，③ 老齢基礎年金を受けるために必要な資格期間がある。ただし，生年月日，性別によって支給開始年齢が異なる。

平均的な収入（平均標準報酬：賞与含む月額換算43.9万円で40年間就業した場合に受け取り始める年金（老齢厚生年金と２人分の老齢基礎年金満額）の給付水準で計算した厚生年金（夫婦２人分の老齢基礎年金を含む標準的な年金額）は，2024（令和６）年度の年金額の例（昭和31年４月２日以後生まれの者の場合）月額230,483円である。

(2) 障害厚生年金

厚生年金に加入している間に初診日のある病気やけがで障害基礎年金の１級または２級に該当する障害の状態になったときは，障害基礎年金に上乗せして障害厚生年金が支給される。また，障害の状態が２級に該当しない軽い程度の障害のときは３級の障害厚生年金が支給される。また，初診日から５年以内に病気やけがが治り，障害厚生年金を受けるよりも軽い障害が残ったときには障害手当金（一時金）が支給される。障害厚生年金・障害手当金を受けるためには，初診日の前日において，以下のいずれかの要件を満たしていること（保険料納付要件）が必要である。

① 初診日のある月の前々月までの公的年金の加入期間の３分の２以上の期間について，保険料が納付または免除されていること

② 初診日において65歳未満であり，初診日のある月の前々月までの１年間に保険料の未納がないこと

2024（令和６）年４月からの支給額は，１級が（報酬比例の年金額）×

1.25＋〔配偶者の加給年金額(234,800 円)〕, 2 級が(報酬比例の年金額)＋〔配偶者の加給年金額(234,800 円)〕で, 3 級が(報酬比例の年金額)となる。3 級の最低保証額については, 1956(昭和 31)年 4 月 2 日以後生まれの者は 612,000 円, 1956(昭和 31)年 4 月 1 日以前生まれの者が 610,300 円になる。

(3) 遺族厚生年金

次の① から⑤ のいずれかの要件を満たしている者が死亡したときに, 遺族に遺族厚生年金が支給される。遺族厚生年金の年金額は, 死亡した方の老齢厚生年金の報酬比例部分の 4 分の 3 の額となる。

① 厚生年金保険の被保険者である間に死亡したとき
② 厚生年金の被保険者期間に初診日がある病気やけがが原因で初診日から 5 年以内に死亡したとき
③ 1 級・2 級の障害厚生(共済)年金を受けとっている方が死亡したとき
④ 老齢厚生年金の受給権者であった方が死亡したとき
⑤ 老齢厚生年金の受給資格を満たした方が死亡したとき

死亡した者に生計を維持されていた次の① ～⑥ の遺族のうち, 最も優先順位の高い者が受け取ることができる。また, 遺族基礎年金を受給できる遺族の者はあわせて受給できる。

① 子のある配偶者
② 子(18 歳になった年度の 3 月 31 日までにある者, または 20 歳未満で障害年金の障害等級 1 級または 2 級の状態にある者)。ただし, 子のある妻または子のある 55 歳以上の夫が遺族厚生年金を受け取っ

ている間は，子には遺族厚生年金は支給されない。

③ 子のない配偶者

子のない 30 歳未満の妻は，5 年間のみ受給できる。また，子のない夫は，55 歳以上である者に限り受給できるが，受給開始は 60 歳からとなる（ただし，遺族基礎年金をあわせて受給できる場合に限り，55 歳から 60 歳の間であっても遺族厚生年金を受給できる）。

④ 父母

⑤ 孫（18 歳になった年度の 3 月 31 日までにある者，または 20 歳未満で障害年金の障害等級 1 級または 2 級の状態にある者）

⑥ 祖父母

父母または祖父母は，55 歳以上である方に限り受給できるが，受給開始は 60 歳からとなる。

第５節　雇用保険制度

5.1　雇用保険

労働者が失業した場合や育児・介護のために休業した場合，また，自ら教育訓練を受けた場合に，生活・雇用の安定と就職の促進を図るための給付等を行っている。雇用保険は政府が管掌する強制保険制度である。労働者を雇用する事業は，原則として強制的に適用される。保険者は，国であり，労働者を雇用しているすべての事業者に適用され，労働者が被保険者になる。労働者の失業はもちろんのこと，雇用継続が困難な場合，子どもの養育をするために休業した場合にも必要な現金給付や職業訓練等を受けることができる。公共職業安定所(ハローワーク)が窓口となり，生活や雇用の安定を図り，就職機会の提供・紹介等を行う。

(1) 求職者給付

労働者が失業する，雇用の継続が難しくなる等した場合に，雇用保険は失業等給付を行う。求職者給付は失業等給付のひとつで，ほかには就職促進給付・教育訓練給付・雇用継続給付がある。雇用保険の一般被保険者に対する求職者給付の基本手当の所定給付日数(基本手当の支給を受けることができる日数)は，受給資格に係る離職の日における年齢，雇用保険の被保険者であった期間及び離職の理由等により決定され，90日～360日の間で決められる。

特に倒産・解雇等により再就職の準備をする時間的余裕がなく離職を余儀なくされた受給資格者(特定受給資格者)及び，特定受給資格者以外の者であって期間の定めのある労働契約が更新されなかったことにより離職した者(特定理由離職者)については一般の離職者に比べ手厚い給付日数となる場合がある。

(2) 就職促進給付

雇用保険の失業等給付の就職促進給付のうち「就業促進手当」として，「再就職手当」，「就業促進定着手当」，「就業手当」などがある。

(3) 教育訓練給付

教育訓練給付制度とは，働く人たちの主体的な能力開発やキャリア形成を支援し，雇用の安定と就職の促進を図ることを目的として，厚生労働大臣が指定する教育訓練を修了した際に，受講費用の一部が支給される。

① 専門実践教育訓練

特に労働者の中長期的キャリア形成に資する教育訓練が対象となり，受講費用の 50%（年間上限 40 万円）が訓練受講中 6 か月ごとに支給される。資格取得等をし，かつ訓練修了後 1 年以内に雇用保険の被保険者として雇用された場合は，受講費用の 20%（年間上限 16 万円）が追加で支給される。

② 特定一般教育訓練

特に労働者の速やかな再就職及び早期のキャリア形成に資する教育訓練が対象となり，受講費用の 40%（上限 20 万円）が訓練修了後に支給される。

③ 一般教育訓練

その他の雇用の安定・就職の促進に資する教育訓練が対象となります。

受講費用の 20%（上限 10 万円）が訓練修了後に支給される。

(4) 雇用継続給付

雇用継続給付とは，職業生活の円滑な継続を援助，促進することを目的とし，「高年齢雇用継続給付」，「介護休業給付」が支給される。

① 「高年齢雇用継続給付」

基本手当を受給していない者を対象とする給付金で，原則として 60 歳時点の賃金と比較して，60 歳以後の賃金（みなし賃金を含む）が 60 歳時点の 75%未満となっている者で，① 60 歳以上 65 歳未満の一般被保険者であること，② 被保険者であった期間が 5 年以上あること，を条件とする。

② 「介護休業給付」

配偶者や父母，子等の対象家族を介護するための休業を取得した被保険者について，介護休業期間中の賃金が休業開始時の賃金と比べて 80％未満に低下した等，一定の要件を満たした場合に，ハローワークへの支給申請により，支給される。改正雇用保険法等の施行により，2018(平成 29)年 1 月 1 日以降に新たに取得する介護休業については，93 日を限度に 3 回までの分割取得が可能となった。また，65 歳以上の高年齢被保険者も介護休業給付金の対象となった。さらに，対象家族の範囲についても拡大され，同居・扶養していない祖父母，兄弟姉妹及び孫も対象となった。

第 6 節　労働者災害補償保険制度

労働者災害補償保険制度(労災保険制度)は，労働者の業務上の事由または通勤による労働者の傷病等に対して必要な保険給付を行い，あわせて被災労働者の社会復帰の促進等の事業を行う制度である。その費用は，原則として事業主の負担する保険料によってまかなわれている。労災保険は，原則として 一人でも労働者を使用する事業は，業種の規模の如何を問わず，すべてに適用される。なお，労災保険における労働者とは，「職業の種類を問わず，事業に使用される者で，賃金を支払われる者」をいい，労働者であればアルバイトやパートタイマー等の雇用形態は関係ない。

◆ 参考教献

『社会保障の手引 2024年版 施策の概要と基礎資料』中央法規出版，2023年

社会保障入門編集委員会『社会保障入門 2024』中央法規出版，2023年

厚生労働省ホームページ「社会保障全般」(https://www.mhlw.go.jp/stf/seisakunitsuite/'bunya/hokabunya/shakaihoshou/index.html　2024年5月3日閲覧)

第8章　障害児・者の福祉について考える

第1節　「障害」とは何か

現代社会では，人はさまざまな原因(病気・事故等)によって，あるいは原因不明の理由により障害をもつことが考えられる。また，老化によって障害者となる可能性もあるといえる。障害についての捉え方として，1980 年に世界保健機関(WHO)が「国際障害分類：ICDH(International Classification of Impairments,Disabilities and Handicaps)」を発表した。その中で，「障害」を，① 機能障害(Impairments)：心身の形態又は機能が何らかの形で損なわれている状態，② 能力障害(Disabilities)：その結果生じる能力の制限又は欠如，③ 社会的不利(Handicaps)：能力障害の結果として個人が経験する不利，の 3 つに分類をした。

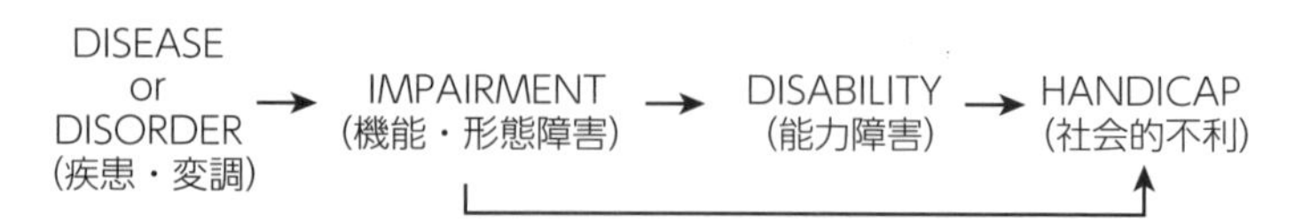

図 8-1　国際障害分類 (1980) の障害構造モデル

図 8-1 をみてもわかるように，ICIDH の障害構造モデルでは，障害を「機能障害」，「能力障害」，「社会的不利」の 3 つに分け，「疾患・変調」が原因となって，「機能・形態障害」，「能力障害」が起こり，それが「社会的不利」を引き起こすという直線的な関係を表している

ことがわかる。

その後，2001 年５月の世界保健機関（WHO）の総会において，国際障害分類の３つのレベルの考え方をさらに進め，「国際生活機能分類（ICF：International Classification of Functioning,Disabilities and Health）」を採択した（図 8-2）。ICF では，ICIDH の「機能障害」を「心身機能・身体構造」「能力障害」を「活動」「社会的不利」を「参加」という肯定的な表現に変更したことが特徴である。

また，障害が発生する要因として，「環境因子」（物的環境・人的環境・制度的環境・社会意識面の環境等），「個人因子」（年齢・性・人種・ライフスタイル等）を加えたことも大きなポイントである。つまり，障害が発生する原因を「病気・変調」に限定することなく，さまざまな要因が作用し合っていると考える。そして，これらの生活機能の３要素が制限・制約・低下した状態を「機能・構造障害（impairment）」

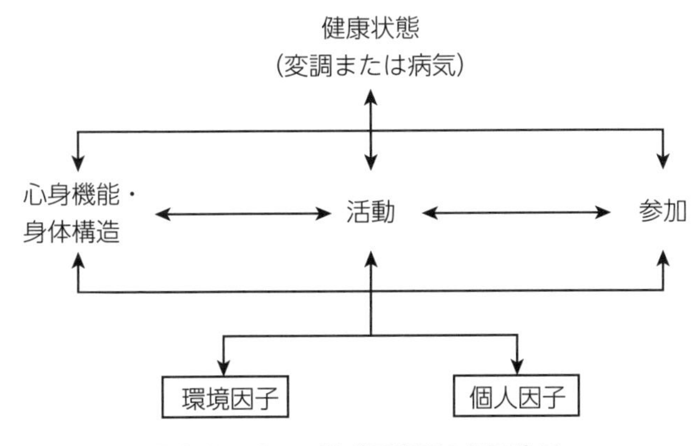

図 8-2　ICF の構成要素間の相互作用

（出典）厚生労働省ホームページ「国際生活機能分類—国際障害分類改訂版—」（日本語版）（https://www.mhlw.go.jp/houdou/2002/08/h0805-1.html　2024 年５月３日閲覧）

「活動制限(activity limitation)」「参加制約(participation restriction)」と表し，これらを総称して「障害」として捉えている。

ICF の考え方は，障害のある人にだけ限定することなく，すべての人を対象とするものである。また，社会福祉の領域だけではなく，教育，医療，保健，政治，経済，労働，環境，社会等のすべての領域にも通用する考え方である。

第２節　「障害児・者」の定義

「障害児・者」とは，どのような人をいうのか。ここでは，国際的な定義，日本における法的な定義についてみてみる。

2.1　国政的な定義

(1) 国際連合による障害者の定義

① 障害者の権利宣言

1975(昭和 50)年 12 月 9 日，国連総会で「障害者の権利宣言」が採択された。その中で「障害者」という用語について，「先天的か否かにかかわらず，身体的ないし精神的な能力における損傷の結果として，通常の個人的生活と社会的生活の両方かもしくは一方の必要を満たすことが，自分自身で完全にまたは部分的にできない者を意味する。」としている。

② 国際障害者行動計画

1982(昭和 57)年 12 月の国連総会は「障害者に関する世界行動計画」を採択した。その中で，「障害者は，その社会の他の異なったニーズを持つ特別な集団と考えられるべきではなく，その通常の人間的なニーズを満たすのに特別の困難を持つ普通の市民と考えられるべきなのである」と示されている。

③ 障害者の権利に関する条約（障害者権利条約）

2006(平成 18)年 12 月 13 日に国連総会において採択された。日本は，2007(平成 19)年に 9 月 28 日に，この条約に署名し，2014(平成 26)年に批准書を寄託している。この条約の第 1 条で「障害者には，長期的な身体的，精神的，知的又は感覚的な機能障害であって，様々な障壁との相互作用により他の者との平等を基礎として社会に完全かつ効果的に参加することを妨げ得る者を有する者を含む。」とある。[1)]

2.2　日本における法的定義

(1) 児童福祉法　1947（昭和 22）年

第 2 条第 2 項で，「この法律で，障害児とは，身体に障害のある児童，知的障害のある児童，精神に障害のある児童(発達障害児を含む)等」としている。

(2) 障害者基本法　1970（昭和 45）年

第 2 条(定義)で，障害者について，「身体障害，知的障害，精神障害(発達障害を含む。)その他の心身の機能の障害がある者であって，障害及び社会的障壁により継続的に日常生活又は社会生活に相当な制限を受ける状態にあるものをいう。」としている。そして，社会的障壁については，「障害がある者にとって日常生活又は社会生活を営む上で障壁となるような社会における事物，制度，慣行，観念その他一切のものをいう。」と定義している。

また，2013(平成 25)年 6 月に，「障害を理由とする差別の解消の推進に関する法律(障害者差別解消法)」が制定，一部の不足を除き 2016(平成 28)年 4 月 1 日から施行されているが，この「障害者差別解消法」における障害者の定義は，障害者基本法と同様である。

(3) 障害者自立支援法　2005 (平成 17) 年

第 4 条(定義)において，障害者とは，「身体障害者福祉法第 4 条に規定する身体障害者，知的障害者福祉法にいう知的障害者のうち 18 歳以上である者及び精神保健及び精神障害者福祉に関する法律第 5 条第 1 項に規定する精神障害者(発達障害者支援法第 2 条第 2 項に規定する発達障害者を含み，知的障害者福祉法にいう知的障害者を除く。)のうち 18 歳以上である者等をいう。」としている。

なお，障害者自立支援法は，2012(平成 24)年 6 月，障害者の日常生活及び社会生活を総合的に支援するための法律(障害者総合支援法)と名称を変え，2013(平成 25)年 4 月施行されている。

(4) 各法 (律) 等における障害の定義

次に，各障害の定義についてみていきたい。

① 「身体障害者」の定義

身体障害者福祉法(1949(昭和 24)年)第 4 条で，「この法律において，「身体障害者」とは，別表に掲げる身体上の障害がある 18 歳以上の者であって，都道府県知事から身体障害者手帳の交付を受けたものをいう。」と定義されている。

② 「知的障害者」の定義

知的障害者福祉法(1960(昭和 35)年)において，知的障害者について明確な定義はされていない。厚生労働省の「知的障害児(者)基礎調査」においては，「知的機能の障害が発達期(おおむね 18 歳まで)にあらわれ，日常生活に支障が生じているため，何らかの特別の援助を必要とする状態にあるもの」と定義されている。

③「精神障害者」の定義

精神保健及び精神障害者福祉に関する法律(1950(昭和 25))年の第 5 条で，「精神障害者」とは，「統合失調症，精神作用物質による急性中毒又はその依存症，知的障害その他の精神疾患を有する者をいう。」と定義されている。1995 年(平成 7)年に改正された精神保健及び精神障害者福祉に関する法律（精神保健福祉法)第 45 条に「精神障害者保健福祉手帳」の制度が規定された。また，2011(平成 23)年には精神障害者保健福祉手帳の障害等級の判定基準に，「発達障害」が加えられた。

④「発達障害児・者」の定義

発達障害者支援法(2004(平成 16)年)では，第 2 条(定義)において，「この法律において『発達障害』とは，自閉症，アスペルガー症候群その他の広汎性発達障害，学習障害，注意欠陥多動性障害その他これに類する脳機能の障害であってその症状が通常低年齢において発現するものとして政令で定めるものをいう。」とある。また，「発達障害者」とは，発達障害がある者であって発達障害及び社会的障壁により日常生活又は社会生活に制限を受けるものをいい，「発達障害児」とは，発達障害者のうち 18 歳未満のものをいう，と定義されている。

第3節　障害児・者の現状

わが国における障害児・者の現状は，次のようになっている。そして，その障害の状況によってさまざまな福祉サービスの提供が望まれる。わが国では，1951(昭和26)年以来ほぼ5年ごとに身体障害者実態調査が実施されてきた。2011(平成23)年以降は，身体障害児・者実態調査および知的障害児(者)基礎調査に代わり，これらを統合・拡大した「生活のしづらさなどに関する調査(全国在宅障害児・者等実態調査)」が行われている。

3.1　身体障害児・者の現状

在宅の身体障害者428万7千人の年齢階層別の内訳をみると，18歳未満6万8千人(1.6%)，18歳以上65歳未満101万3千人(23.6%)，65歳以上311万2千人(72.6%)となっている。わが国の総人口に占める65歳以上人口の割合(高齢化率)は調査時点の2016年には27.3%(総務省「人口推計」2016年10月1日(確定値))であり，在宅の身体障害者の65歳以上人口の割合(74.2%)は約2.7倍となっている。在宅の身体障害者の65歳以上の割合の推移をみると，在宅の身体障害者の全年齢のうち65歳以上の割合が，1970年には3割程度だったものが，2016年には7割程度まで上昇している。

「平成28年生活のしづらさなどに関する調査」において，身体障害者数(身体障害者手帳所持者数)を性別にみると，65歳未満では男性が59万3千人(54.8%)，女性が48万6千人(44.9%)，65歳以上では男性が162万7千人(50.8%)，女性が156万5千人(48.8%)となっている(表 8-1)。

3.2　知的障害児・者の現状

在宅の知的障害者 96 万 2 千人の年齢階層別の内訳をみると，18 歳未満 21 万 4 千人(22.2%)，18 歳以上 65 歳未満 58 万人(60.3%)，65 歳以上 14 万 9 千人(15.5%)となっている。身体障害者と比べて 18 歳未満の割合が高い一方で，65 歳以上の割合が低い点に特徴がある。

知的障害者の推移をみると，2011 年と比較して約 34 万人増加している。知的障害は発達期にあらわれるものであり，発達期以降に

表 8-1　障害者手帳所持者数等，性・障害種別等

(65歳未満)(単位：千人)

性	総数		障害者手帳所持者		障害者手帳の種類(複数回答)						手帳非所持でかつ自立支援給付等を受けている者	
					身体障害者手帳		療育手帳		精神障害者保健福祉手帳			
総数	2,382	(100.0%)	2,237	(100.0%)	1,082	(100.0%)	795	(100.0%)	594	(100.0%)	145	(100.0%)
男性	1,359	57.1%	1,280	57.2%	593	54.8%	497	62.5%	307	51.7%	79	54.5%
女性	1,014	42.6%	950	42.5%	486	44.9%	295	37.1%	282	47.5%	64	44.1%
不詳	9	0.4%	8	0.4%	3	0.3%	3	0.4%	5	0.8%	1	0.7%

(65歳以上及び年齢不詳)

性	総数		障害者手帳所持者		障害者手帳の種類(複数回答)						手帳非所持でかつ自立支援給付等を受けている者	
					身体障害者手帳		療育手帳		精神障害者保健福祉手帳			
総数	3,550	(100.0%)	3,358	(100.0%)	3,205	(100.0%)	168	(100.0%)	247	(100.0%)	193	(100.0%)
男性	1,756	49.5%	1,691	50.4%	1,627	50.8%	89	53.0%	106	42.9%	64	33.2%
女性	1,772	49.9%	1,645	49.0%	1,565	48.8%	73	43.5%	130	52.6%	127	65.8%
不詳	23	0.6%	21	0.6%	13	0.4%	5	3.0%	11	4.5%	1	0.5%

注：四捨五入で人数を出しているため、合計が一致しない場合がある。
資料：厚生労働省「生活のしづらさなどに関する調査」(2016年)

(出典)内閣府『令和 5 年版　障害者白書』2023 年，p.225

新たに知的障害が生じるものではないことから，身体障害のように人口の高齢化の影響を大きく受けることはない。以前に比べ，知的障害に対する認知度が高くなり，療育手帳取得者の増加が要因の一つと考えられる。

「平成 28 年生活のしづらさなどに関する調査」において，知的障害者数（療育手帳所持者数）を性別にみると，65 歳未満では男性が 49 万 7 千人（62.5%），女性が 29 万 5 千人（37.1%），65 歳以上では男性が 8 万 9 千人（53.0%），女性が 7 万 3 千人（43.5%）となっている（表 8-1）

3.3　精神障害児・者の状況

外来の年齢階層別精神障害者数の推移について，2020 年においては，精神障害者総数 586 万 1 千人のうち，25 歳未満 79 万人（13.5%），25 歳以上 65 歳未満 301 万 9 千人（51.5%），65 歳以上 205 万 6 千人

表 8-2　精神障害者の男女別数（2020 年）

単位：千人（%）

	20歳未満	20歳以上
男性	383（63.9）	2,259（40.7）
女性	217（36.2）	3,286（59.2）
計	599（100.0）	5,546（100.0）
	65歳未満	65歳以上
男性	1,898（48.6）	744（33.2）
女性	2,006（51.4）	1,497（66.8）
計	3,905（100.0）	2,240（100.0）

注1：年齢別の男女数には，不詳の数は含まない。
注2：四捨五入で人数を出しているため，合計が一致しない場合がある。
資料：厚生労働省「患者調査」（2020 年）より厚生労働省社会・援護局障害保健福祉部で作成
（出典）内閣府『令和 5 年版　障害者白書』2023 年，p.225

(35.1%)となっている。精神障害者数の男女別数について，2020年においては20歳未満では男性が38万3千人(63.9%)で，女性が21万7千人(36.2%)，20歳以上では男性が225万9千人(40.7%)で，女性が328万6千人(59.2%)となっている。65歳未満では男性が189万8千人(48.6%)で，女性が200万6千人(51.4%)，65歳以上では男性が74万4千人(33.2%)で，女性が149万7千人(66.8%)となっている(表8-2)。

第４節　障害者福祉を考える上での基本理念

4.1　ノーマライゼーション

ノーマライゼーション(normalization)の考え方は，1950年代にデンマークのバンク－・ミケルセン(N.E.Bank-Mikkelsen)らによる知的障害の子どもをもつ親の会の施設改革，人権の確立を求める運動から始まった。1959年法(精神遅滞者福祉法)の法案にノーマライゼーションという言葉を取り入れた。スェーデンのニィリエ(B.Nirje)は知的障害者のある人がノーマルな生活をしていくための次の８つの原則を示した。

①１日のノーマルなリズム

②１週間ノーマルなリズム

③１年間のノーマルなリズム

④ライフサイクルでのノーマルな経験

⑤ノーマルな要求の尊重

⑥ 異性との生活

⑦ ノーマルな経済的基準

⑧ ノーマルな環境基準

さらに，1970 年代にヴォルヘンスベルガー(Wolfensberger)によって米国，カナダに紹介され，「障害者の権利宣言」(1975 年)，「国際障害者年」(1981 年)，「国連・障害者の 10 年」(1983～1992 年)等に取り入れられるなど障害者福祉だけでなく，世界共通の社会福祉の基本理念としても重要である。

4.2　インテグレーション・メインストリーミング・インクルージョン

ノーマライゼーションの理念を具体的に実現する取り組みの一環としてインテグレーション(integration)，メインストリーミング(mainstreaming)，ソーシャルインクルージョン(inclusion)がある。

インテグレーションは，「統合」あるいは「統合化」と訳される。生涯の歩みの各段階で，教育，労働，生活，住居，文化活動等において，障害のある人もない人も共にノーマライゼーションを具体的に実現していく原則・方法である。たとえば，教育の世界で考えると，障害児と障害のない子どもが一緒に学び，共に活動することが普通であるということであり，同じ教育の機会をもつ教育システムが形成されていることを「インテグレーション(統合)教育」という。米国では，インテグレーションに代わって「メインストリーミング(主流化・本流化)」という言葉が使われている。

インクルージョン(inclusion)とは，「包む，包括，包含，包摂(ほうせつ)」と意味をもつ。つまり，「包み込み，受け入れる」ということである。また，「ソーシャルインクルージョン(Social Inclusion)」とは，社会的に弱い立場の人を含め，あらゆる人々を誰一人孤独や孤立，排除や摩擦から護り，取り残さずに社会の構成員として包み込み，支え合うという理念」である。

4.3　自立生活理念

自立生活(IL：Independent Living)理念は，1970年代に米国で始まった障害者の自立生活運動に端を発している。どんなに障害が重くても，地域社会の中で自らの判断で自分の生活を可能にしていく一連の運動である。自立生活理念の特徴は，以下の3点をあげることができる[2)]。

① 必要なサービスを活用しつつ，自らの生活のあり方を自ら決定していく権利を尊重し，自らの生活を計画し，管理していくこと(自己決定権)
② 自らの責任において，自ら望む生活目標や生活様式を選択して生きること(自己選択権)
③ 日常生活動作や職業生活に加えて，人間的な家庭生活や文化活動，レクリエーション活動などを含む，生活全体の内容や質を高めることを目標とする(QOLの向上)。

4.4　リハビリテーション

リハビリテーション(rehabilitation)を語源的にみると，re-(再び)

と，語源をなすラテン語の形容詞である habilis(適した)と -ation (~にすること)からなる。つまり，「再び適したものにすること」を意味する。中世のヨーロッパでは，名誉の回復や破門の取り消しの意味にも使われていて，近代では犯罪者等の社会復帰に使われていた。

1968 年，WHO(世界保健機構)はリハビリテーションを，医学的，社会的，教育的，職業的手段を組み合わせ，相互調整し，訓練により障害の機能的能力を最大限に高めることであると，リハビリテーションにおける 4 分野を明らかにした。

国連は 1982 年に「障害者に関する世界行動計画」を決議・採択した。その中で，「リハビリテーションとは，身体的，精神的，かつまた社会的に最も適した機能水準の達成を可能とすることによって，各個人が自らの人生を変革していくための手段を提供していくことをめざし，かつ，時間を限定したプロセスである。」と定義している。

4.5　バリアフリー

主に高齢者や障害者等の生活に影響を及ぼすバリア(障壁)は，大きく分けて，① 物理的バリア，② 制度的バリア，③ 心理的バリア，④ 社会的バリア等があるといわれている。わが国では主に物理的バリアへの対応として，1994(平成 6)年に「高齢者，身体障害者等が円滑に利用できる特定建築物の建築の促進に関する法律」(ハートビル法)が制定され，2000(平成 12)年には，「交通バリアフリー法」が制定された。

2006(平成 18)年には，この 2 つの法律を統合・拡充をして，「高齢者，障害者等の移動等の円滑化の促進に関する法律」(バリアフリー法)が制定されている。バリアフリー法では，身体障害者のみならず，知的・精神・発達障害者など，すべての障害者を対象にしている。

4.6　ユニバーサルデザイン

ユニバーサルデザインという概念は，米ノースカロライナ州立大学ユニバーサルデザインセンター(Center for Universal Design)で，自身も障害があったロナルド・メイス(Ronald Mace)によって，1985年に提唱された。「年齢や能力，状況などにかかわらず，できるだけ多くの人が使いやすいように，製品や建物・環境をデザインする」という考え方である。「ユニバーサルデザイン７原則」では，以下のように示されている[3)]。

原則１：誰にでも公平に利用できること
　誰にでも利用できるように作られており，かつ，容易に入手できること

原則２：使う上で自由度が高いこと
　使う人のさまざまな好みや能力に合うように作られていること

原則３：使い方が簡単ですぐわかること
　使う人の経験や知識，言語能力，集中力に関係なく，使い方がわかりやすく作られていること

原則４：必要な情報がすぐに理解できること

使用状況や，使う人の視覚，聴覚などの感覚能力に関係なく，必要な情報が効果的に伝わるように作られていること

原則5：うっかりミスや危険につながらないデザインであること
ついうっかりしたり，意図しない行動が，危険や思わぬ結果につながらないように作られていること

原則6：無理な姿勢をとることなく，少ない力でも楽に使用できること
効率よく，気持ちよく，疲れないで使えるようにすること

原則7：アクセスしやすいスペースと大きさを確保すること
どんな体格や，姿勢，移動能力の人にも，アクセスしやすく，操作がしやすいスペースや大きさにすること

第5節　障害者福祉の実施体制とサービス

わが国の障害者福祉は，1949(昭和24)年に「身体障害者福祉法」，1960(昭和35)年に「精神薄弱者福祉法(現在の知的障害者福祉法)」，1995(平成7)年に「精神保健及び精神障害者福祉に関する法律(精神保健福祉法)」が制定された。これにより，障害の種別ごとに法制度・サービス体系が整備されたといえる。しかし，福祉サービスの内容は「措置制度」であり，利用者側が自由にサービスを選択することはできなかった。

その後，2003(平成15)年度の支援費制度へと移行することで利用者自らが福祉サービスを選択することのできる「契約」制度となり，さらに支援費制度から，2006(平成18)年4月には，「障害者自立支

援法」が施行された。障害者自立支援法では，① 障害福祉サービスを「一元化」，② 利用者本位のサービス体系の再編，③ 就労の抜本的強化，④ サービス支給決定の透明化と明確化，⑤ 皆で支える仕組みの強化，をポイントとしてあげることができる。

しかし，一方で，受けるサービスの量が多くなるほど，費用負担が重くなり(応益負担)，所得の低い利用者がサービスの利用を自粛するという問題等が起こる等，サービス利用における費用負担の妥当性が問われる等の違憲訴訟が起こされるなど，さまざまな問題が指摘されるようになった。その後，障害者自立支援法は，2012(平成24)年６月，「障害者の日常生活及び社会生活を総合的に支援するための法律(障害者総合支援法)」と名称を変えて，2013(平成25)年４月から施行されている。障害者総合支援法では，基本理念として，以下のように書かれている(第１条の２)。

　障害者及び障害児が日常生活又は社会生活を営むための支援は，全ての国民が，障害の有無にかかわらず，等しく基本的人権を享有するかけがえのない個人として尊重されるものであるとの理念にのっとり，全ての国民が，障害の有無によって分け隔てられることなく，相互に人格と個性を尊重し合いながら共生する社会を実現するため，全ての障害者及び障害児が可能な限りその身近な場所において必要な日常生活又は社会生活を営むための支援を受けられることにより社会参加の機会が確保されること及びどこで誰と生活するかについての選択の機会が確保され，地域社会において他の人々と共生することを妨げられないこと並びに障害者及

図 8-3　障害者総合支援法に基づく障害者サービス給付と支援

（出典）厚生労働省「障害者総合支援法のサービス利用説明パンフレット（2021 年 4 月版）」全国社会福祉協議会，2021 年，p.3

※表中の㊊は「障害者」、㊑は「障害児」であり、
それぞれが利用できるサービスです。

1　介護給付

① 居宅介護（ホームヘルプ）者児	自宅で、入浴、排せつ、食事の介護等を行います。
② 重度訪問介護　者	重度の肢体不自由者又は重度の知的障害若しくは精神障害により、行動上著しい困難を有する人で常に介護を必要とする人に、自宅で、入浴、排せつ、食事の介護、外出時における移動支援、入院時の支援などを総合的に行います。
③ 同行援護　者児	視覚障害により、移動に著しい困難を有する人に、移動に必要な情報の提供（代筆・代読を含む）、移動の援護等の外出支援を行います。
④ 行動援護　者児	自己判断能力が制限されている人が行動するときに、危険を回避するために必要な支援や外出支援を行います。
⑤ 重度障害者等包括支援　者児	介護の必要性がとても高い人に、居宅介護等複数のサービスを包括的に行います。
⑥ 短期入所（ショートステイ）者児	自宅で介護する人が病気の場合などに、短期間、夜間も含め施設で、入浴、排せつ、食事の介護等を行います。
⑦ 療養介護　者	医療と常時介護を必要とする人に、医療機関で機能訓練、療養上の管理、看護、介護及び日常生活の支援を行います。
⑧ 生活介護　者	常に介護を必要とする人に、昼間、入浴、排せつ、食事の介護等を行うとともに、創作的活動又は生産活動の機会を提供します。
⑨ 施設入所支援（障害者支援施設での夜間ケア等）者	施設に入所する人に、夜間や休日に、入浴、排せつ、食事の介護等を行います。

2　訓練等給付

① 自立訓練　者	自立した日常生活又は社会生活ができるよう、一定期間、身体機能又は生活能力の向上のために必要な訓練を行います。機能訓練と生活訓練があります。
② 就労移行支援　者	一般企業等への就労を希望する人に、一定期間、就労に必要な知識及び能力の向上のために必要な訓練を行います。
③ 就労継続支援（A型=雇用型、B型=非雇用型）者	一般企業等での就労が困難な人に、働く場を提供するとともに、知識及び能力の向上のために必要な訓練を行います。 雇用契約を結ぶA型と、雇用契約を結ばないB型があります。
④ 就労定着支援　者	一般就労に移行した人に、就労に伴う生活面の課題に対応するための支援を行います。
⑤ 自立生活援助　者	一人暮らしに必要な理解力・生活力等を補うため、定期的な居宅訪問や随時の対応により日常生活における課題を把握し、必要な支援を行います。
⑥ 共同生活援助（グループホーム）者	共同生活を行う住居で、相談や日常生活上の援助を行います。また、入浴、排せつ、食事の介護等の必要性が認定されている方には介護サービスも提供します。 さらに、グループホームを退居し、一般住宅等への移行を目指す人のためにサテライト型住居があります。

※サテライト型住居については、早期に単身等での生活が可能であると認められる人の利用が基本となっています。
※④と⑤は2018（平成30）年の法改正により新設されました。
※サービスには期限のあるものと、期限のないものがありますが、有期限であっても、必要に応じて支給決定の更新（延長）は一定程度、可能となります。

図 8-4　障害者総合支援法に基づくサービス内容

（出典）厚生労働省「障害者総合支援法のサービス利用説明パンフレット（2021年4月版）」全国社会福祉協議会，2021年，p.4

び障害児にとって日常生活又は社会生活を営む上で障壁となるような社会における事物，制度，慣行，観念その他一切のものの除去に資することを旨として，総合的かつ計画的に行わなければな

らない。

現在，わが国の障害者福祉サービスは，「障害者総合支援法」に基づき次のように実施されている(図8-3)。「障害者福祉サービス」は，勘案すべき事項(障害の種類や程度，介護者，居住の状況，サービスの利用に関する意向等)及びサービス等利用計画案を踏まえ，個々に支給決定が行われる「障害福祉サービス」・「地域相談支援」と市町村等の創意工夫により，利用者個々人の状況に応じて柔軟にサービスを行う「地域生活支援事業」に大別される。「障害福祉サービス」は，介護の支援を受ける場合には「介護給付」，訓練等の支援を受ける場合は「訓練等給付」に位置づけられ，それぞれ，利用のプロセスが異なる。

・介護給付費

介護給付費は，居宅介護，重度訪問介護，同行援護，行動援護，療養介護，生活介護，短期入所，重度障害者等包括支援，施設入所支援を受けた際に支給される。

・訓練等給付費

訓練等給付は，自立訓練，就労移行支援，就労継続支援，就労定着支援，自立生活援助，共同生活援助を受けた際に支給される。

・自立支援医療

障害の除去および軽減のための医療や精神通院医療にかかる費用の自己負担額を軽減する公費負担医療制度である。

・補装具

補装具を必要とする障害者，障害児，難病患者等に支給される。

・相談支援

相談支援とは，「基本相談支援」，「地域相談支援」，「計画相談支援」をいう。「基本相談支援」は相談や情報提供や助言等を行う。「地域相談支援」とは，地域移行支援（施設入所・入院している者が地域生活に移行するための相談支援）及び地域定着支援（地域生活に移行した者が地域生活に定着していくための相談支援）をいい，「計画相談支援」とは，サービス利用支援（障害福祉サービス等の申請に係る支給決定前に，サービス等利用計画案を作成し，支給決定後に，サービス事業者等との連絡調整等を行うとともに，サービス等利用計画の作成を行う）及び継続サービス利用支援（支給決定されたサービス等の利用状況のモニタリングを行い，サービス事業者等との連絡調整等を行う）をいう。

注

1）外務省ホームページ「障害者の権利に関する条約」（略称：障害者権利条約）（https://www.mofa.go.jp/mofaj/files/000018093.pdf　2024年５月３日閲覧）
2）大島侑監修，村井龍治編者『障害者福祉論』ミネルヴァ書房，2010年，p.18
3）国立研究開発法人建築研究所「ユニバーサルデザイン７原則」（https://www.kenken.go.jp/japanese/research/hou/topics/universal/7udp.pdf　2024年５月３日閲覧）

第9章　高齢者福祉について考える

第1節　高齢者福祉の制度概要

わが国の65歳以上人口が総人口に占める割合(高齢化率)は，1950(昭和25)年には5％に満たなかったが，1970(昭和45)年に7％，1994(平成6)年には14％を超えた。その後も上昇を続け，総務省は2023年4月12日に昨年10月1日時点での65歳以上の高齢化率は29.0％となっていることを最新の人口推計で公表した。今後，総人口が減少する中で65歳以上の者が増加することにより高齢化率は上昇を続け，2037(令和19)年に33.3％となり，国民の3人に1人が65歳以上の者となると見込まれている。さらに，2043(令和25)年以降は65歳以上人口が減少に転じても高齢化率は上昇を続け，2070(令和52)年には38.7％に達して，国民の2.6人に1人が65歳以上の者となる社会が到来すると推計されている[1)]。

高齢者福祉に関する法律としては，「老人福祉法」が1963(昭和38)年に制定された。この法律は第1条(目的)で，「この法律は，老人の福祉に関する原理を明らかにするとともに，老人に対し，その心身の健康の保持及び生活の安定のために必要な措置を講じ，もつて老人の福祉を図ることを目的とする。」と定められている。また，第2条と第3条では，基本的理念について以下のように規定されている。

第２条　老人は，多年にわたり社会の進展に寄与してきた者として，かつ，豊富な知識と経験を有する者として敬愛されるとともに，生きがいを持てる健全で安らかな生活を保障されるものとする。

第３条　老人は，老齢に伴って生ずる心身の変化を自覚して，常に心身の健康を保持し，又は，その知識と経験を活用して，社会的活動に参加するように努めるものとする。

第３条２　老人は，その希望と能力とに応じ，適当な仕事に従事する機会その他社会的活動に参加する機会を与えられるものとする。

その後，高齢社会の到来に向けて，その保健医療を担うために1982(昭和57)年に「老人保健法」が制定された。「老人保健法」は，「老人福祉法」から独立して制定された。増え続ける高齢者の医療費対策を図るために，老人医療施策の充実を進める意図があった。この法律は，2008(平成20)年，「高齢者の医療の確保に関する法律」へと改正・施行された。

第１条(目的)では，「この法律は，国民の高齢期における適切な医療の確保を図るため，医療費の適正化を推進するための計画の作成及び保険者による健康診査等の実施に関する措置を講ずるとともに，高齢者の医療について，国民の共同連帯の理念等に基づき，前期高齢者に係る保険者間の費用負担の調整，後期高齢者に対する適切な医療の給付等を行うために必要な制度を設け，もつて国民保健の向上及び高齢者の福祉の増進を図ることを目的とする。」と記されている。

1990(平成2)年には，福祉関係八法の改正が行われた。1989(平成元)年には，「高齢者保健福祉推進10か年戦略」(ゴールドプラン)が発表されている。福祉関係八法の改正では，これまでの施設を中心とした支援のあり方から，在宅での支援のあり方へと大きな転換を図ることが主な目的であった。具体的には，1990年代の10年間の老人ホームやデイサービス，ショートステイのための施設の緊急整備，ホームヘルパーの養成などによる在宅福祉の推進など高齢者福祉サービスの数値目標を示した。

1997(平成9)年12月に「介護保険法」が制定され，約2年間の準備期間を経て2000(平成12)年4月に施行された。介護保険法施行までの老人福祉制度は，市町村の決定による「措置」により介護サービスを利用する制度であった(決定権：行政)。しかし，介護保険制度では，利用者自らが事業所や施設を選択してサービス利用契約を行うこととなった(決定権：利用者)。

また，2000(平成12)年に認知症等の要援護高齢者の権利擁護や地域生活を支援する「成年後見制度」，「日常生活自立支援事業」が実施され，2006(平成18)年に「高齢者虐待の防止，高齢者の擁護者に対する支援等に関する法律」(高齢者虐待防止法)が施行された。また，高齢者の増加に伴い認知症の人はさらに増加することが見込まれていること等を踏まえ，2012(平成24)年9月に，2013(平成25)年度からの5年間の具体的な計画(認知症等施策推進5か年計画。通称：オレンジプラン)が策定された。

2015(平成27)年1月に「認知症施策推進総合戦略(新オレンジプラ

ン)－認知症高齢者等にやさしい地域づくりに向けて－」を取りまとめた。2018(平成30)年には，政府全体で認知症施策をさらに強力に推進するために，「認知症施策推進関係閣僚会議」が設置され，2019(令和元)年６月，同関係閣僚会議において，「認知症施策推進大綱」が取りまとめられた。

第２節　介護保険制度

2.1　介護保険制度の概要

(1) 背　　景

○高齢化の進展に伴い，要介護高齢者の増加，介護期間の長期化など，介護ニーズの増大。

○核家族化の進行，介護する家族の高齢化等，要介護高齢者を支えてきた家族の状況の変化。

○従来の老人福祉・老人医療制度による対応の限界。

(2) 基本的な考え方

○自立支援…単に介護を要する高齢者の身の回りの世話をするということを超えて，高齢者の自立を支援することを理念とする。

○利用者本位…利用者の選択により，多様な主体から保健医療サービス，福祉サービスを総合的に受けられる制度。

○社会保険方式…給付と負担の関係が明確な社会保険方式を採用。

介護保険制度の根拠法は，「介護保険法」である。介護保険の保険者は，市町村で，被保険者は，①65歳以上の者(第１号被保険者)と，

② 40～64 歳の医療保険加入者(第 2 号被保険者)に分類される。第 1 号被保険者は原因を問わず要支援状態(日常生活に支援が必要な状態)・要介護状態(寝たきり，認知症等で介護が必要な状態)となった時に，第 2 号被保険者は「特定疾病(要介護，要支援状態が，末期がん・関節リウマチ等の加齢に起因する疾病)」が原因で要支援状態・要介護状態になった場合に，介護サービスを受けることができる。

介護保険制度は，市町村による要介護認定を受ける。介護の必要度(要介護度)が軽い順に，「自立」，「要支援 1」，「要支援 2」，「要介護度 1～5」の 8 段階となる。「自立」と認定された場合には，介護保険制度によるサービスを受けることはできない。保険料は被保険者となった時から支払う義務が発生する。利用者負担は，介護サービス費用の 1 割(一定以上所得者の場合は 2 割又は 3 割)を負担するほか，施設では食費等の実費負担がある。

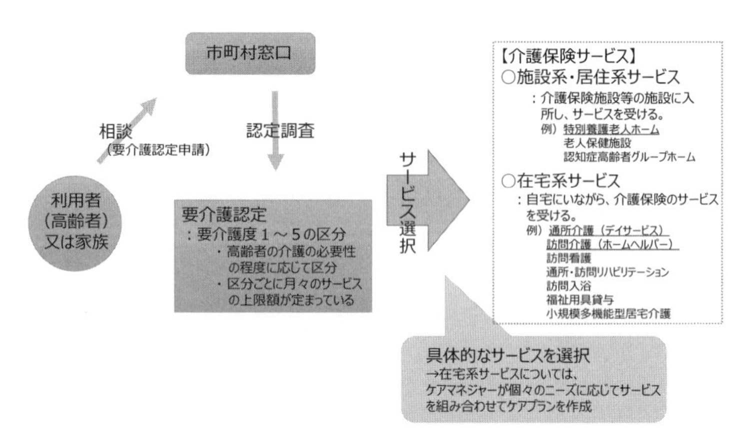

図 9-1　介護保険制度利用の流れ (イメージ)

(出典)厚生労働省老健局『介護保険制度の概要 2021(令和 3)年 5 月』p.8(https://www.mhlw.go.jp/content/000801559.pdf　2024 年 5 月 3 日閲覧)

介護保険制度利用の流れ(図 9-1)は，介護保険の給付を希望する被保険者(高齢者)やその家族が，給付の申請を行うと，市町村が設置している介護認定審査会が審査・判定を行い，その結果を市町村に通知する。市町村はそれに基づいて「要介護認定」を行う。保険給付の対象となるのは「要介護」または「要支援」と認定された人である。

そして，「要介護」，「要支援」の区分に応じて，保険の給付額が設定されていて，利用者は，その給付額内でサービスを受けることができる。在宅系サービスを希望する場合は，本人の希望を十分に取り入れた「介護サービス計画」の作成を保険給付のひとつとして，ケアマネージャーに依頼することができる。

介護保険で給付対象となるサービスの全体像は(図 9-2)のとおり

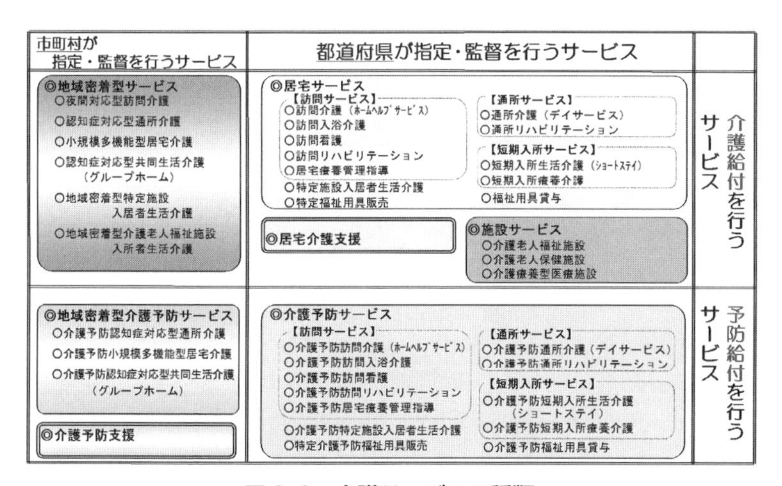

図 9-2　介護サービスの種類

この他，居宅介護(介護予防)住宅改修，介護予防・日常生活支援総合事業がある。
(出典)厚生労働省老健局『介護保険制度の概要　2021(令和 3)年 5 月』p.13(https://www.mhlw.go.jp/shingi/2009/05/dl/s0521-3c_0014.pdf　2024 年 5 月 3 日閲覧)

である。要介護者に対して,「居宅サービス」,「施設サービス」,「地域密着型サービス」のように「居宅・施設両面にわたる多様なサービス」が給付されることになる。要支援者に対しては,要介護状態の発生の予防という視点から,「介護予防サービス」,「地域密着型介護予防サービス」,「介護予防支援」が給付され,施設サービスでは適用されない。

また,介護認定審査会で「非該当」と認定された者も地域支援事業により「介護予防・生活支援サービス」等が利用することができる。

2.2 地域包括支援センター

2005(平成17)年の介護保険法の改正により,公正・中立な立場から,地域における介護予防ケアマネジメントや総合相談,権利擁護等を担う中核機関として創設された。介護保険法第115条の46第

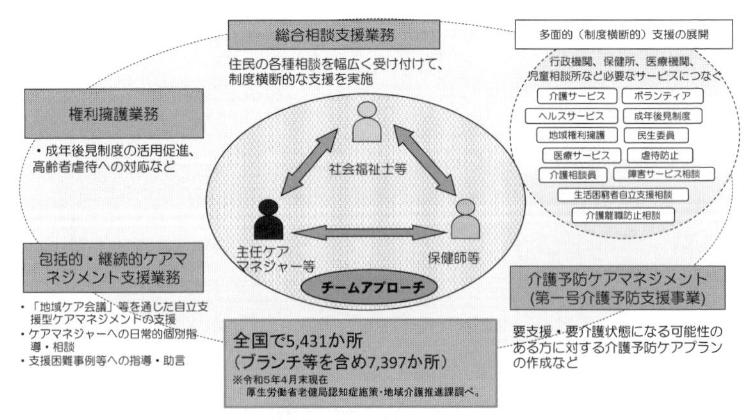

図 9-3 地域包括支援センターについて

(出典)厚生労働省ホームページ,「地域包括支援センターの概要」2023年(https://www.mhlw.go.jp/content/12300000/001236442.pdf 2024年5月3日閲覧)

1 項には，「地域包括支援センターは，市町村が設置主体となり，保健師・社会福祉士・主任介護支援専門員等を配置して，住民の健康の保持及び生活の安定のために必要な援助を行うことにより，地域の住民を包括的に支援することを目的とする施設。」とある。

具体的には，地域の高齢者を支えるために，①「介護予防ケアマネジメント」，②「総合相談」，③「包括的・継続的ケアマネジメント」，④「権利擁護」の４つの業務を行っている。2020 年に改正された介護保険法により，地域支援体制の強化の方向から地域包括ケアシステムの推進が行われ，その役割がますます重要になってきた。また，2024 年度からは，居宅介護支援事業所も地域包括支援センターと同様に，市町村から指定を受けて介護予防支援を行えるようになる予定である。

第３節　高齢者虐待防止法

「高齢者虐待の防止，高齢者の養護者に対する支援等に関する法律（高齢者虐待防止法）」は，高齢者に対する虐待が深刻な状況にあり，高齢者の尊厳の保持にとって高齢者に対する虐待を防止することがきわめて重要であることを背景に，2005（平成 17）年に成立した。

第２条の３で，「この法律において『高齢者虐待』とは，養護者による高齢者虐待及び養介護施設従事者等による高齢者虐待をいう。」と定義されている。この法律において「養護者による高齢者虐待」として，次のことをあげている。

① 高齢者の身体に外傷が生じ，又は生じるおそれのある暴行を

加えること。

② 高齢者を衰弱させるような著しい減食又は長時間の放置，養護者以外の同居人による①，③，④に掲げる行為と同様の行為の放置等養護を著しく怠ること。

③ 高齢者に対する著しい暴言又は著しく拒絶的な対応その他の高齢者に著しい心理的外傷を与える言動を行うこと。

④ 高齢者にわいせつな行為をすること又は高齢者をしてわいせつな行為をさせること。

また，「養介護施設従事者等による高齢者虐待」として，以下のことをあげている。

① 高齢者の身体に外傷が生じ，又は生じるおそれのある暴行を加えること。

② 高齢者を衰弱させるような著しい減食又は長時間の放置その他の高齢者を養護すべき職務上の義務を著しく怠ること。

③ 高齢者に対する著しい暴言又は著しく拒絶的な対応その他の高齢者に著しい心理的外傷を与える言動を行うこと。

④ 高齢者にわいせつな行為をすること又は高齢者をしてわいせつな行為をさせること。

⑤ 高齢者の財産を不当に処分することその他当該高齢者から不当に財産上の利益を得ること。

本法律では，高齢者虐待の防止等に関する国等の責務，高齢者虐待を受けた高齢者に対する保護のための措置，養護者の負担の軽減を図ること等の養護者に対する支援のための措置等を定めることにより，高齢者虐待の防止，養護者に対する支援等に関する施策を促進し，高齢者の権利利益の擁護を目的としている。具体的には，虐待を受けている高齢者を発見した場合の発見者の通報義務，養護者の負担軽減のための相談，指導・助言，必要な措置をとることを定めている。

第４節　高齢者福祉の専門職

高齢者福祉にかかわらず，社会福祉にかかわる専門職には，多種多様な職種がある。たとえば，社会福祉士，介護福祉士，精神保健福祉士，医師，保健師，看護師，薬剤師，理学療法士，作業療法士，言語聴覚士，栄養士，弁護士，司法書士等である。介護保険制度との関係でみると，主任介護支援専門員（主任ケアマネージャー），介護支援専門員（ケアマネージャー），訪問介護員（ヘルパー）が重要かつ中心的な役割を担っているといえる。ここでは，これらの職種について説明をする。

4.1　主任介護支援専門員

主任介護支援専門とは，介護支援専門員（ケアマネジャー）の上位資格で，「主任ケアマネジャー」（主任ケアマネ）と呼ばれる職種である。主任介護支援専門員は，保健医療サービスまたは福祉サービス提供者との連絡調整，他の介護支援専門員に対する助言や指導その他の介護支援サービスを適切かつ円滑に提供するために必要な業務に関する仕事を行う。主任介護支援専門員は地域包括支援センターなどにおいて地域福祉の発展に貢献する目的で，介護支援専門員をまとめる役割を担っている。主任介護支援専門員になるためには，介護支援専門員として５年以上の経験を積み，研修を受講することで主任介護支援専門員の資格を取得できる。

4.2　介護支援専門員（ケアマネージャー）

介護支援専門員とは，要介護者や要支援者の人の相談や心身の状況に応じるとともに，サービス（訪問介護，デイサービスなど）を受けられるようにケアプラン（介護サービス等の提供についての計画）の作成や市町村・サービス事業者・施設等との連絡調整を行う。介護支援専門員になるには保健医療福祉分野での実務経験（医師，看護師，社会福祉士，介護福祉士等）が５年以上である者などが，介護支援専門員実務研修受講試験に合格し，介護支援専門員実務研修の課程を修了し，介護支援専門員証の交付を受けた場合に，介護支援専門員となることができる。

4.3　訪問介護員（ヘルパー）

訪問介護員は，介護保険法にもとづく訪問介護を提供する専門職である。 介護保険法における訪問介護は，介護福祉士の他，「政令で定める者」が行うことになっている。この「政令で定める者」とは，国が定めた研修を修了した「訪問介護員」のことをいう。訪問介護員は，サービス指定事業所（社会福祉法人，医療法人，NPO，民間企業等）で訪問介護に従事し，在宅で生活している高齢者等への訪問をし，身体介護（食事，入浴，排泄等）や生活援助（調理，洗濯，買い物等）のサービスを提供する。

第５節　高齢者を取り巻く状況

高齢者福祉では，高齢者の特性を理解し，高齢者の尊厳を保持しながら各種サービスを提供することが求められる。特に，病気に対する対応はもちろんであるが，精神面も含めた生活をトータルに支援するサービスが求められる。また，高齢者は収入面について「年金」のみという人も多いことから経済的なサポートも必要となる。このように高齢者に対するサービスは，安定して生活をいつまでも

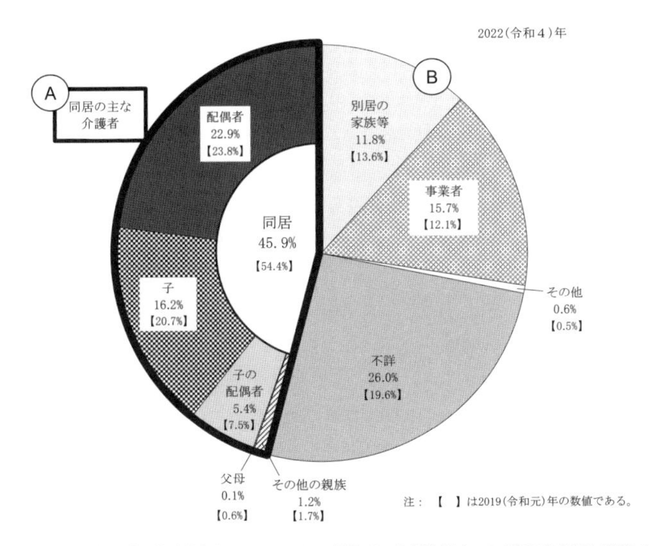

図 9-4　「要介護者等」からみた「主な介護者」の続柄別構成割合

（出典）内閣府『令和４年版　高齢社会白書』2021 年（https://www8.cao.go.jp/kourei/whitepaper/w-2022/html/zenbun/s1_2_2.html　2024 年５月３日閲覧）

送ることのできる「安心」を得ることができるような支援を行うことが重要になってくる。

5.1　老々介護

「要介護者等」と「主な介護者」との同別居の状況をみると，「同居」が 45.9%となっている。また，「同居の主な介護者」について，「要介護者等」からみた続柄をみると，「配偶者」が 22.9%で最も多く，次いで「子」が 16.2%となっている(図 9-4)。

さらに，「主な介護者」を同居・別居別にみると，性別では同居・別居ともに女性の方が多く，年齢階級別では別居の方が同居に比べ若い世代の割合が多くなっている(図 9-5)。

「要介護者等」と「同居の主な介護者」について，年齢の組合せをみると，「60 歳以上同士」の割合は 77.1%，「65 歳以上同士」は 63.5%，

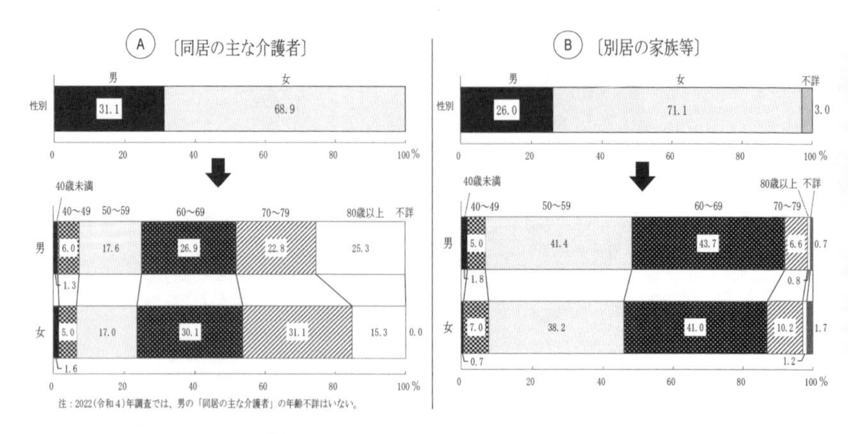

図 9-5　「主な介護者」の性・年齢階級別構成割合

(出典)厚生労働省「2022(令和 4)年国民生活基礎調査の概況」p.24(https://www.mhlw.go.jp/toukei/saikin/hw/k-tyosa/k-tyoga22/dl/05.pdf　2024 年 5 月 3 日閲覧)

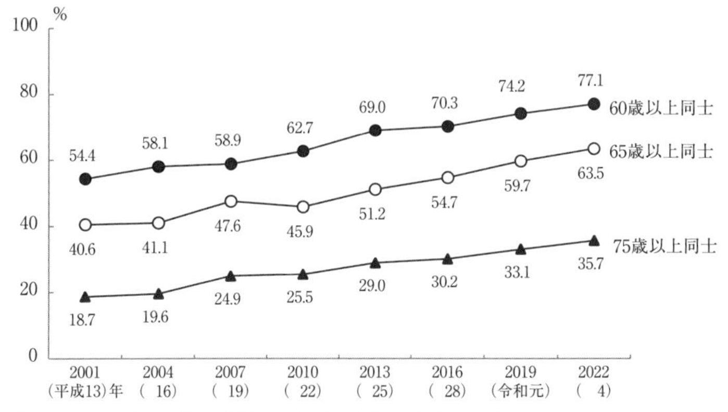

注：2016(平成28)年の数値は，熊本県を除いたものである。

図 9-6　「要介護者等」と「同居の主な介護者」の年齢組合せ

(出典)厚生労働省「2022(令和4)年　国民生活基礎調査の概況」pp.24-25

「75歳以上同士」は35.7%となり，年次推移でみると，いずれも上昇傾向となっている(図9-6)。高齢者が高齢者を介護するこのようなケースを「老老介護」という。介護疲れ等を原因とする殺人事件や心中事件が起こる場合もあり，現在では深刻な社会問題となっている。

「老々介護」の原因としては，まず第1に，寿命が伸びたことにより，親が90歳で子どもが60歳代から70歳代という場合も少なくないことがあげられる。第2に，核家族化の進行により高齢者のみの世帯が増加したこと，第3に，経済的な困難を抱えている場合も多く，自宅での老々介護を選択せざるをえない世帯が多いことも考えられる。

また，介護保険制度を利用している介護者であったとしても，1日中介護をしてもらえるわけではないので，同居家族への負担は大きいことが予想される。介護者にとっての重いストレスは場合によっては介護の相手に対する虐待や殺害，一緒に無理心中をしてしまうといった最悪の事態も考えられる。このように，「老々介護」にはさまざまなリスクが潜んでいるといえる。

5.2　認知症

認知症は，脳の変性疾患等の脳の病気や脳血管障害等の障害などさまざまな原因により，記憶や思考等の認知機能が低下し，日常生活全般に支障が出てくる状態をいう。認知症にはいくつかの種類がある。アルツハイマー型認知症は，認知症の中で最も多く，脳神経が変性して脳の一部が萎縮していく過程でおきる認知症である。症状はもの忘れで発症することが多く，ゆっくりと進行する。次に多いのが脳梗塞や脳溢血等の脳血管障害による血管性認知症である。

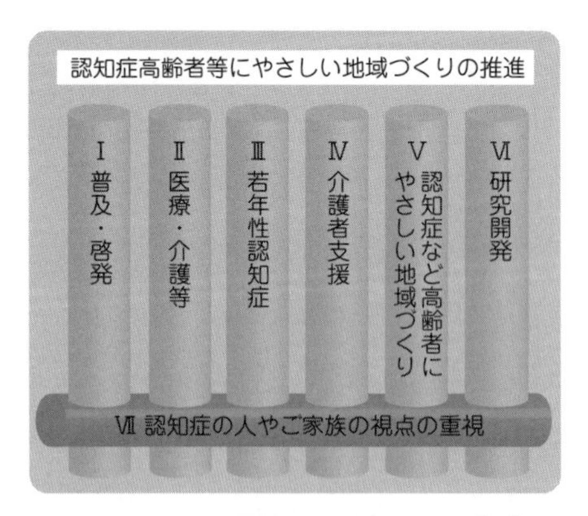

図 9-7　新オレンジプランの 7 つの柱

（出典）厚生労働省「認知症施策推進総合戦略（新オレンジプラン）」p.1（https://www.mhlw.go.jp/file/06-Seisakujouhou-12300000-Roukenkyoku/nop1-2_3.pdf 2024 年 5 月 3 日閲覧）

障害された脳の部位によって症状が異なる。認知機能の低下が日によって，あるいは時間帯によって波がある「まだら認知症」が特徴である。また，レビー小体という異常なたんぱく質が溜まることで神経細胞が障害されるレビー小体型認知症がある。存在しないものが見える「幻視」や手足のふるえや動きが遅くなるパーキンソン症状等がみられる。

認知症の人の数は 2012（平成 12）年で約 462 万人，65 歳以上の高齢者の約 7 人に 1 人と推計されている。この数は高齢化の進行に伴いさらに増加することが予想されている。2025（令和 7）年には 700 万人前後となり，高齢者の約 5 人に 1 人になる[2)]。このような状況を踏まえ，認知症施策総合戦略（新オレンジプラン）が策定されている。このプランでは，「認知症の人の意思が尊重され，できる限り住み慣れた地域のよい環境で自分らしく暮らし続けることができる社会の実現を目指す。」ことを謳っている。

5.3　高齢者の生活状況

(1) 高齢者の世帯構造

2022（令和 4）年『国民生活基礎調査の概況』（厚生労働省）によると，2022（令和 4）年 6 月 2 日現在における全国の世帯総数は 5,431 万世帯となっている。世帯構造をみると，「単独世帯」が 1,785 万 2 千世帯（全世帯の 32.9%）で最も多く，次いで「夫婦と未婚の子のみの世帯」が 1,402 万 2 千世帯（同 25.8%），「夫婦のみの世帯」が 1,333 万世帯（同 24.5%）となっている。世帯類型をみると，「高齢者世帯」は 1,693 万 1 千世帯（全世帯の 31.2%）となっている。

65 歳以上の者のいる世帯のうち，高齢者世帯の世帯構造をみると，「単独世帯」が 873 万世帯(高齢者世帯の 51.6%)，「夫婦のみの世帯」が 756 万 2 千世帯(同 44.7%)となっている。「単独世帯」をみると，男は 35.9%，女は 64.1%となっている。性別に年齢構成をみると，男は「70～74 歳」が 28.7%，女は「85歳以上」が 24.1%で最も多くなっている。

65 歳以上の者は 4,029 万 7 千人となっている。家族形態をみると，「夫婦のみの世帯」(夫婦の両方又は一方が 65 歳以上)の者が 1,638 万 3 千人(65 歳以上の者の 40.7%)で最も多く，次いで「子と同居」の者が 1,356 万 9 千人(同 33.7%)，「単独世帯」の者が 873 万人(同 21.7%)となっている。

(2) 高齢者の所得

高齢者世帯の年間所得の分布をみると，2021(令和 3)年の 1 世帯当たり平均所得金額は，「全世帯」が 545 万 7 千円となっている。また，「高齢者世帯」が 318 万 3 千円，「高齢者世帯以外の世帯」が 665 万円，「児童のいる世帯」が 785 万円となっている。世帯人員 1 人当

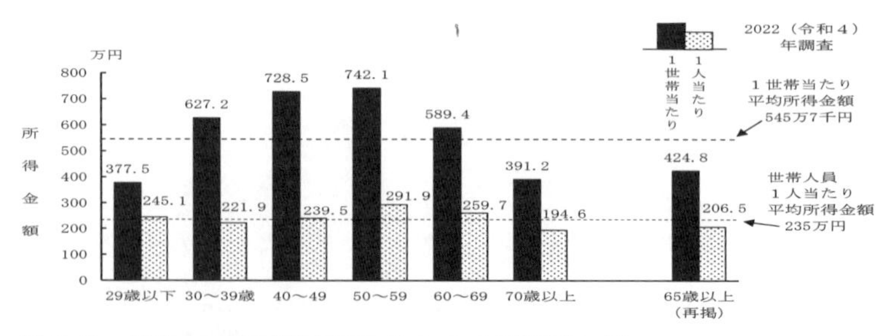

図 9-8　世帯主の年齢階級別にみた 1 人世帯当たり—世帯人員 1 人当たり平均所得金額

(出典)厚生労働省「2022(令和 4)年 国民生活基礎調査の概況」p.10

たり平均所得金額をみると,「50～59 歳」が 291 万 9 千円で最も高く,最も低いのは「70 歳以上」の 194 万 6 千円となっている。

各種世帯の所得の種類別 1 世帯当たり平均所得金額の構成割合をみると,全世帯では「稼働所得」が 73.2％,「公的年金・恩給」が 20.1％であるが,高齢者世帯では「公的年金・恩給」が 62.8％,「稼働所得」が 25.2％となっている。公的年金・恩給を受給している高齢者世帯のなかで「公的年金・恩給の総所得に占める割合が 100％の世帯」は 44.0％となっている(図 9-9)。このことからもわかるように,年金が高齢者の生活を支える上で重要な収入源であることがわかる。

今後,少子・高齢社会が進行する上で,いかに「稼働所得」を増やしていくのかが重要なテーマになってくることが考えられる。また,

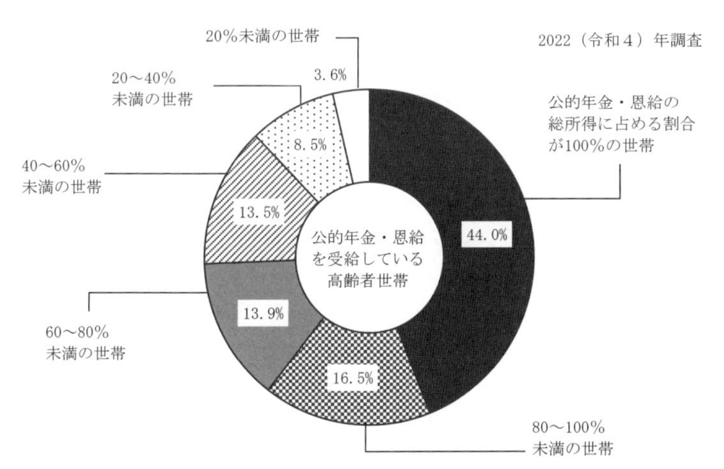

図 9-9　公的年金・恩給を受給している高齢者世帯における公的年金・恩給の総所得に占める割合別世帯数の構成割合
(出典)図 9-8 に同じ,p.11

このことは，人口減少に入って労働力不足に直面している日本経済の発展にとっても大切である。

政府は，「高年齢者等の雇用の安定等に関する法律」（高年齢者雇用安定法）を1971（昭和46）年に制定し，その第1条（目的）で，「この法律は，定年の引上げ，継続雇用制度の導入等による高年齢者の安定した雇用の確保の促進，高年齢者等の再就職の促進，定年退職者その他の高年齢退職者に対する就業の機会の確保等の措置を総合的に講じ，もって高年齢者等の職業の安定その他福祉の増進を図るとともに，経済及び社会の発展に寄与することを目的とする。」と定められている。

その後，2004（平成16）年，2012（平成24）年に改正され，2020（令和2）年の改正では，65歳までの雇用確保（義務）に加え，65歳から70歳までの就業機会を確保するため，高年齢者就業確保措置として，①70歳までの定年引き上げ，②定年制の廃止，③70歳までの継続雇用制度（再雇用制度・勤務延長制度）の導入，④70歳まで継続的に業務委託契約を締結する制度の導入，⑤70歳まで継続的に以下の事業（○事業主が自ら実施する社会貢献事業，○事業主が委託，出資（資金提供）等する団体が行う社会貢献事業）に従事できる制度の導入，の努力義務が事業者に求められるようになった。このことにより高齢者の雇用の機会が拡大されることになった。

(3) 高齢者の住まい

高齢者が可能な限り自宅で生活をしていくためには，高齢者に配慮した住宅の整備や改修等を進めるための施策を進めていくことが重要となる。介護保険制度では，手すりの取り付け，床段差の解消等の住宅改修が保険給付の対象となっている。政府は 2001(平成13)年に「高齢者の居住の安定確保に関する法律」(高齢者住まい法)を制定した。

その第１条(目的)で，「この法律は，高齢者が日常生活を営むために必要な福祉サービスの提供を受けることができる良好な居住環境を備えた高齢者向けの賃貸住宅等の登録制度を設けるとともに，良好な居住環境を備えた高齢者向けの賃貸住宅の供給を促進するための措置を講じ，併せて高齢者に適した良好な居住環境が確保され高齢者が安定的に居住することができる賃貸住宅について終身建物賃貸借制度を設ける等の措置を講ずることにより，高齢者の居住の安定の確保を図り，もってその福祉の増進に寄与することを目的とする。」ことを謳っている。

しかし，高齢者向け賃貸住宅については，医療・介護事業者との連携や行政の指導監督が不十分であることや高齢者に適した住まいの絶対数が不足していること，制度が複雑である等の指摘がされてきたことから，2011(平成23)年に高齢者住まい法が改正されることになり，「サービス付き高齢者向け住宅制度」が創設されることになった。国土交通省のホームページでは，以下のような説明がなされている[3)]。

高齢化が急速に進む中で，高齢の単身者や夫婦のみの世帯が増加しており，介護・医療と連携して高齢者を支援するサービスを提供する住宅を確保することが極めて重要である一方，サービス付きの住宅の供給は，欧米各国に比べて立ち後れているのが現状です。

このため，高齢者の居住の安定を確保することを目的として，バリアフリー構造等を有し，介護・医療と連携し高齢者を支援するサービスを提供する「サービス付き高齢者向け住宅」の都道府県知事への登録制度を国土交通省・厚生労働省の共管制度として創設しました。

また，サービス付き高齢者向け住宅の登録制度の概要については，以下のようになっている。

○登録基準

① 住宅：床面積(原則25㎡以上)，便所・洗面設備等の設置，バリアフリー

② サービス：サービスを提供すること(少なくとも安否確認・生活相談サービスを提供)

③ 契約：・高齢者の居住の安定が図られた契約であること
・前払家賃等の返還ルール及び保全措置が講じられていること

○事業者の義務

・入居契約に係る措置(提供するサービス等の登録事項の情報開示，入居者に対する契約前の説明)

・誇大広告の禁止

○指導監督

・住宅管理やサービスに関する行政の指導監督(報告徴収・立入検査・指示等)

サービス付き高齢者向け住宅の登録状況は，2023（令和 5）年 10 月末現在で，8,255 棟，284,993 戸である。[4)]

注

1）内閣府『令和５年版　高齢社会白書』2023 年，p.3（https://www8.cao.go.jp/kourei/whitepaper/w-2023/zenbun/pdf/1s1s_01.pdf　2024 年５月３日閲覧）

2）厚生労働省老健局，認知症施策・地域介護推進課・課長補佐 谷内一夫『認知症施策の動向』令和３年度第１回地域包括ケア事例研究会，p.3，2022 年（https://kouseikyoku.mhlw.go.jp/kantoshinetsu/houkatsu/000237803.pdf　2024 年５月３日閲覧）

3）国土交通省ホームページ（https://www.mlit.go.jp/jutakukentiku/house/jutakukentiku_house_tk3_000005.html　2024 年５月３日閲覧）

4）サービス付き高齢者向け住宅情報提供システムホームページより。（https://www.satsuki-jutaku.jp/　2024 年５月３日閲覧）

第 10 章　社会福祉のマンパワー

福祉・介護行政に従事する公務員の数は，厚生労働省の職員数では，2020(令和 2)年 1 月 15 日現在で 3 万 1,689 人である(人事院「令和元年度一般職の国家公務員の任用状況調査」)。また，地方公共団体における民生関係職員数は，2021(令和 3)年 4 月 1 日現在で 23.8 万人である。そのうち，福祉事務所職員は 5.9 万人，児童相談所等職員は 1.1 万人，保育所職員は 9.6 万人，老人福祉施設職員は，0.1 万人，その他の社会福祉施設職員は 2.0 万人である(総務省「令和 3 年地方公共団体定員管理調査」)。

しかし，これら福祉・介護行政に従事する公務員の数は，福祉・介護行政だけではなく，公衆衛生，医療，年金，労働関係の行政に従事している職員数も含めての数となる。また，総務省の統計では，都道府県や市町村の公立施設の職員数であることに留意する必要がある。

また，2021(令和 3)年平均で，社会保険・社会福祉・介護事業における就業者は 446 万人であり，そのうち介護サービス職業従事者は170万人である(総務省「令和3年労働力調査(基本集計)」。2020(令和 2)年 10 月において，介護保険施設・事業所における介護職員は 203.4 万人(常勤 120.8 万人，非常勤 82.6 万人)である(厚生労働省「令和 2 年介護サービス施設・事業所調査」)。

2020(令和 2)年 10 月において，社会福祉施設の常勤換算従事者数は121.0万人である。その中で保育士40.4万人，介護職員16.7万人，生活指導・支援員等9.2万人となっている。また，障害者福祉サービス等事業所では，常勤換算従事者数が多いものとして，居宅介護事業12.5万人（うち介護福祉士6.7万人），放課後等デイサービス事業8.3万人（うち児童指導員3.6万人），生活介護事業7.6万人（うち生活支援員5.4万人），就労継続支援（B型）事業7.4万人（うち職業指導員2.7万人）となっている（令和2年社会福祉施設等調査）。

厚生労働省職業安定局「雇用政策研究会報告書」（2019（令和元）年7月）によれば，今後の就業者数については，経済成長と労働参加が進むと仮定するケースでは，2040（令和22）年に6,024万人となると推計されている。この経済成長と労働参加が進むと仮定するケースでは，医療・福祉分野の就業者数は974万人（総就業者数の16%）と推計されている。

しかし，医療・介護サービスの2018（平成30）年の年齢別利用実績を基に，人口構造の変化を加味して求めた2040年の医療・介護サービスの需要から推計した医療・福祉分野の就業者数は1,070万人（総就業者数の18～20%）が必要となると推計されている。つまり，2040（令和22）年には医療・福祉分野の就業者数が96万人不足することが指摘されている[1)]。今後の日本社会では，少子高齢化や核家族化，共働き家庭の増加，経済的な格差が広がるなど社会福祉のサービスがより多様化，複雑化してくることが予想される。そして，保育所や介護関係の事業者数が顕著に増加してきていることを考えても，社会福祉サービスに従事する人材が量・質ともに大いに求められるといえる。

第1節　社会福祉専門職の資格制度

社会福祉分野には専門職として，主に5つの国家資格が設けられている。これらの国家資格は，各分野で必要とされる職種の資格要件となっている。

1.1　社会福祉士

(1) 定　　義

ソーシャルワーカー(Social Worker)の名称で呼ばれることもある。登録を受け，社会福祉士の名称を用いて，専門的知識および技術をもって，身体上もしくは精神上の障害があることまたは環境上の理由により日常生活を営むのに支障がある者の福祉に関する相談に応じ，助言，指導，福祉サービスを提供する者または医師その他の保健医療サービスを提供する者その他の関係者との連絡および調整その他の援助を行うことを業とする者をいう。

(2) 資格取得

社会福祉士の資格取得方法は，図10-1の通りである。2022(令和4)年3月末現在の登録者数は，266,557人である。厚生労働大臣は，指定試験機関に試験事務を指定登録機関に登録事務を行わせることができる。指定試験機関および指定登録機関として，1988(昭和63)年4月に社会福祉振興・試験センターが指定されている。

(3) 養成施設

社会福祉士の資格取得には，図10-1に示す12の方法がある。指定科目を履修していない者と身体障害者福祉司，査察指導員等とし

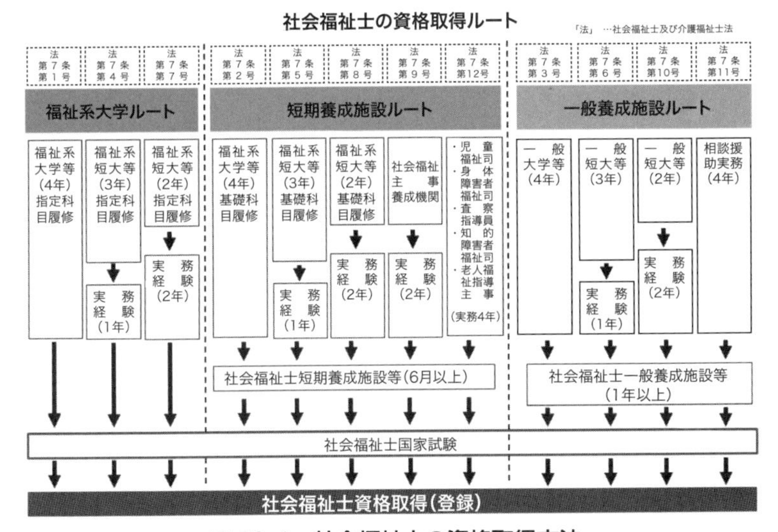

図 10-1　社会福祉士の資格取得方法

(出典)厚生労働省ホームページ(https://www.mhlw.go.jp/stf/seisakunitsuite/bunya/hukushi_kaigo/seikatsuhogo/shakai-kaigo-fukushi1/shakai-kaigo-fukushi2.html　2024 年 5 月 3 日閲覧)

て 4 年以上の実務経験のない者は，短期養成施設または一般養成施設を卒業しなければ社会福祉士試験の受験資格を得ることができない。

2018(平成 30 年)3 月にとりまとめられた，社会保障審議会福祉部会福祉人材確保専門委員会の報告書「ソーシャルワーク専門職である社会福祉士に求められる役割等について(以下「報告書」という。)」では，「地域共生社会」の実現を推進するため，社会福祉士には，ソーシャルワークの機能を発揮し，制度横断的な課題への対応や必要な社会資源の開発，地域住民の活動支援や関係者との連絡調整などの役割を担うことが求められており，カリキュラムの見直しを検討すべきであると指摘された。

この報告書を受け，厚生労働省は各分野の専門有識者及び実践者からなる「社会福祉士養成課程における教育内容等の見直しに関する作業チーム（以下「作業チーム」という。）」を平成 30 年 8 月に設置し，カリキュラムの見直し作業を開始した。作業チームでは，これまでカリキュラムで使用していた相談援助という文言をすべてソーシャルワークに改めることとし，① 地域共生社会に関する科目の創設，② ソーシャルワーク機能を学ぶ科目の再構築，③ ソーシャルワーク機能の実践能力を養う実習時間数の拡充，④ 社会福祉士養成課程と精神保健福祉士養成課程の共通科目（以下「共通科目」という。）の拡充といったカリキュラムの抜本的な見直しが提起された。

このカリキュラムの見直しを踏まえ，令和 2 年 3 月に関係法令や通知等が改正され，修業年限に応じて，令和 3 年度から順次新たなカリキュラムによる社会福祉士養成が始まっており，令和 6 年度に実施する第 37 回社会福祉士国家試験から，新たなカリキュラムに沿った出題内容に切り替える予定となっている[2)]。

1.2　介護福祉士

(1) 定　　義

介護福祉士は，「社会福祉士及び介護福祉士法（昭和 62 年法律第 30 号）」に基づく名称独占の国家資格であり，介護福祉士の名称を用いて，専門的知識及び技術をもって，身体上又は精神上の障害があることにより日常生活を営むのに支障がある者につき心身の状況に応じた介護（喀痰吸引その他のその者が日常生活を営むのに必要な行為であって，医師の指示の下に行われるもの(厚生労働省令で定めるものに限る。)を含む。)を行い，並びにその者及びその介護者に対して介護に関する指導を行うことを業とする者をいう。

(2) 資格取得

介護福祉士の資格取得方法は，図 10-2 の通りである。2022(令和 4)年 3 月末現在の登録者数は，1,819,097 人である。介護福祉士についても指定試験機関および指定登録機関として，社会福祉振興・試験センターが指定されている。

(3) 養成施設

介護福祉士の資格取得には，従来，① 養成施設を卒業する方法，

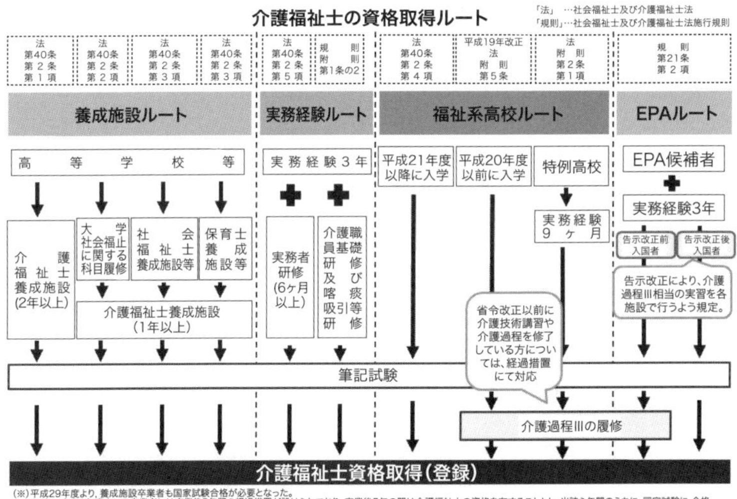

図 10-2　介護福祉士の資格取得方法

(出典)厚生労働省ホームページ(https://www.mhlw.go.jp/stf/seisakunitsuite/bunya/hukushi_kaigo/seikatsuhogo/shakai-kaigo-fukushi1/shakai-kaigo-fukushi5.html　2024 年 9 月 2 日閲覧)

② 国家試験を受験する方法，の2つがあったが，2016(平成28)年度の「社会福祉士及び介護福祉士法」の改正により，養成施設の卒業者については，2017(平成29)年度から漸進的に国家試験の受験(または原則卒後5年間連続の実務従事)が必要とされた。また，養成施設については，高等学校卒業後2年間以上修学するものと，大学等で他資格等を修得した後に1年間修学するものがある(図10-2)。

1.3 精神保健福祉士

(1) 定　義

精神保健福祉士は，名称独占の資格であり，その名称を用い，専門的知識と技術を用いて，医療機関や社会復帰施設を利用している精神障害者の社会復帰に関する相談に応じ，助言，指導，日常生活への適応のために必要な訓練その他の援助を行うことを業務としている。

(2) 資格取得

精神保健福祉士の資格取得方法は，図10-3の通りである。2022(令和4)年3月末現在の登録者数は，97,339人である。精神保健福祉士試験の実施と精神保健福祉士の登録の実施に関する事務は，社会福祉振興・試験センターが行っている。

(3) 養成施設

精神保健福祉士の養成課程においては，大学などで指定科目，基礎科目のいずれも履修していない者について，精神保健福祉士として必要な知識と技術を修得させるための精神保健福祉士一般養成施設等，大学などで基礎科目を履修しているが，指定科目の一部を履修していない者について，指定科目の欠ける部分を修得させるための精神保健福祉士短期養成施設等を都道府県知事が指定することとしている(図 10-3)。

1.4　保育士

(1) 定　　義

保育士とは，登録を受け，保育士の名称を用いて，専門的知識および技術をもって，児童の保育および児童の保護者に対する保育に関する指導を行うことを業とする者をいう。

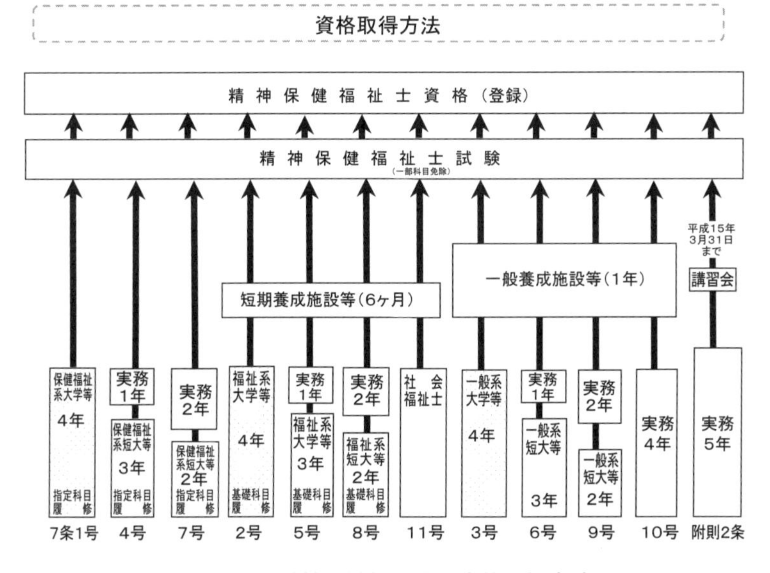

図 10-3　精神保健福祉士の資格取得方法

(出典)厚生労働省ホームページ(https://www.mhlw.go.jp/content/syutokuhouhou.pdf　2024 年 5 月 3 日閲覧)

(2) 資格取得

都道府県知事の指定する保育士を養成する学校やその他の指定保育士養成施設の卒業者または都道府県知事が行う保育士試験の合格者が保育士となる資格を取得し，都道府県知事の登録を受けることにより保育士となる(図 10-4)。2021(令和 3)年 4 月現在，1,722,679 人が登録されている。

(3) 養成施設

指定保育士養成施設には，主に大学(4 年制)，短期大学(2 年制)，専門学校(2 年制・3 年制)等の施設がある。所定の教育課程，教員組織・教育設備等一定の基準を充足整備しているものについて，その設置主体の申請に基づき都道府県知事が指定する。これらの学校を卒業すれば，試験を受けずに保育士資格を取得することができる。

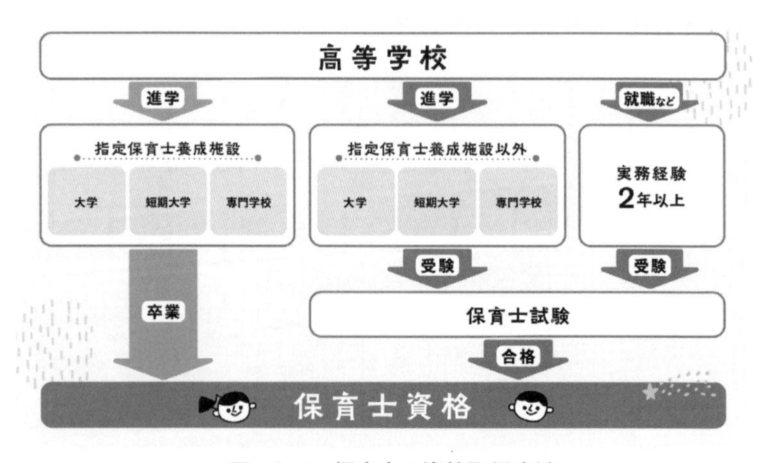

図 10-4　保育士の資格取得方法

(出典)厚生労働省ホームページ「ハロー　ミライの保育士」(https://www.mhlw.go.jp/hoiku-hellomirai/　2024 年 5 月 3 日閲覧)

指定保育士養成施設では，福祉・教育・心理・保健・保育内容・基礎技能等の専門知識と技術を習得する専門科目，人間的素養の向上を図る教養科目等を学ぶ。2021(令和 3)年 4 月 1 日現在，全国に 675 か所の指定保育養成施設がある。

保育士は，1948(昭和 23)年 3 月の児童福祉法施行令において，「保母」資格として誕生した。1977(昭和 52)年 3 月の児童福祉法施行令改正により児童福祉施設において保育に従事する男子にも，保母と同じ方法で保母に準じる資格を付与することができるようになった。その後，1999(平成 11)年 4 月より「保母」から「保育士」に名称変更され，2003(平成 15)年 11 月より，保育士資格は児童福祉施設の任用資格から名称独占の国家資格として法定化されることになった。

1.5　介護支援専門員（ケアマネージャー）

介護支援専門員とは，要介護者や要支援者の人の相談や心身の状況に応じるとともに，サービス(訪問介護，デイサービスなど)を受けられるようにケアプラン(介護サービス等の提供についての計画)の作成や市町村・サービス事業者・施設等との連絡調整を行っている。介護支援専門員になるためには，保健医療福祉分野での実務経験(医師，看護師，社会福祉士，介護福祉士等)が 5 年以上である者などが，介護支援専門員実務研修受講試験に合格し，介護支援専門員実務研修の課程を修了し，介護支援専門員証の交付を受けた場合に，介護支援専門員となることができる。2006(平成 18)年からは有効期限が 5 年とされ，更新の際には更新研修を受けなければならない。

また，2006(平成 18)年度からは，介護支援専門員のキャリアアップの一環として主任介護支援専門員が位置づけられ，地域包括支援センターへの配置が義務づけられ，2003(平成 21)年度からは，居宅介護支援費に関する特定事業所加算の要件として主任介護支援専門員の配置が義務づけられた。

1.6 公認心理師

(1) 定　義

公認心理師は，登録を受け，公認心理師の名称を用いて，保健医療，福祉，教育その他の分野において，心理学に関する専門的知識および技術をもって，次に掲げる行為を業とする者をいう。

1. 心理に関する支援を要する者の心理状態の観察，その結果の分析
2. 心理に関する支援を要する者に対する，その心理に関する相談・助言，指導その他の援助
3. 心理に関する支援を要する者の関係者に対する相談・助言，指導その他の援助
4. 心の健康に関する知識の普及を図るための教育および情報の提供

(2) 資格取得

公認心理師となるには，文部科学大臣および厚生労働大臣が行う公認心理師試験に合格し，両大臣による公認心理師登録簿への登録を受けなければならない。公認心理師の試験および登録の実務に関する事務は，文部科学大臣および厚生労働大臣の指定を受けた日本心理研修センターが行っている。2021(令和 3)年 12 月末現在，登録

者数は 52,099 人である。

公認心理師として必要な知識及び技能について，主務大臣が公認心理師試験を実施する。受験資格は，以下の者に付与する。

1. 大学において主務大臣指定の心理学等に関する科目を修め，かつ，大学院において主務大臣指定の心理学等の科目を修めてその課程を修了した者等
2. 大学で主務大臣指定の心理学等に関する科目を修め，卒業後一定期間の実務経験を積んだ者等
3. 主務大臣が① 及び② に掲げる者と同等以上の知識及び技能を有すると認めた者

第 2 節　社会福祉行政機関の職種と任用資格

地方公共団体における民生関係職員数は，2021(令和 3) 年 4 月 1 日現在で 23.8 万人であり，そのうち，福祉事務所職員は 5.9 万人，児童相談所等職員は 1.1 万人，保育所職員は 9.6 万人，老人福祉施設職員は，0.1 万人，その他の社会福祉施設職員は，2.0 万人である(総務省「令和 3 年地方公共団体定員管理調査」)。

2.1　社会福祉主事 (社会福祉法第 18 条，第 19 条)

社会福祉主事は，福祉事務所の現業員の任用資格(任用される者に要求される資格)である。福祉事務所には必置の義務があり，福祉事務所のない町村には任意設置である。また，社会福祉主事は，社会福祉分野の基礎的な資格として位置づけられ，社会福祉施設職員

(施設長，生活相談員等)の資格に準用されている。

社会福祉主事任用資格は，社会福祉法第 19 条により，以下のように定められている。

第 19 条　社会福祉主事は，都道府県知事又は市町村長の補助機関である職員とし，年齢 18 年以上の者であつて，人格が高潔で，思慮が円熟し，社会福祉の増進に熱意があり，かつ，次の各号のいずれかに該当するもののうちから任用しなければならない。
1　学校教育法に基づく大学，旧大学令に基づく大学，旧高等学校令に基づく高等学校又は旧専門学校令に基づく専門学校において，厚生労働大臣の指定する社会福祉に関する科目を修めて卒業した者
2　都道府県知事の指定する養成機関又は講習会の課程を修了した者
3　社会福祉士
4　厚生労働大臣の指定する社会福祉事業従事者試験に合格した者
5　前各号に掲げる者と同等以上の能力を有すると認められる者として厚生労働省令で定めるもの

2.2　児童福祉司

児童福祉司は，児童相談所の所長の命を受けて，児童の保護その他児童の福祉に関する事項について，相談に応じ，専門的技術に基づいて必要な指導を行う職員の任用資格であり，児童相談所に置くことが義務づけられている。児童福祉司とは，児童相談所で働くケースワーカーのことである。

児童福祉司任用資格は，児童福祉法第 13 条により，以下のように定められている。

第 13 条　都道府県は，その設置する児童相談所に，児童福祉司を置かなければならない。
③ 児童福祉司は，都道府県知事の補助機関である職員とし，次の各号のいずれかに該当する者のうちから，任用しなければならない。
1　都道府県知事の指定する児童福祉司若しくは児童福祉施設の職員を養成する学校その他の施設を卒業し，又は都道府県知事の指定する講習会の課程を修了した者
2　学校教育法に基づく大学又は旧大学令に基づく大学において，心理学，教育学若しくは社会学を専修する学科又はこれらに相当する課程を修めて卒業した者であつて，内閣府令で定める施設において一年以上相談援助業務に従事したもの
3　医師
4　社会福祉士
5　精神保健福祉士
6　公認心理師
7　社会福祉主事として 2 年以上相談援助業務に従事した者であつて，内閣総理大臣が定める講習会の課程を修了したもの
8　前各号に掲げる者と同等以上の能力を有すると認められる者であつて，内閣府令で定めるもの

第 3 節　非専門的マンパワー

社会福祉には社会資源の活用を図ることが求められる。社会資源とは，利用者以外の全ての人，モノ，制度，機関等である。社会資源には，フォーマル(公式)なものとインフォーマル(非公式)なものがある。この両者を含めて社会福祉のサービスが提供されることになる。以下にフォーマル，インフォーマルの社会資源の中間に位置づけられる非専門的マンパワーを説明する。

3.1　民生委員

民生委員は，民生委員法に基づき地域社会の福祉を増進することを目的として市町村の区域におかれている民間奉仕者である。具体的には，民生委員第 14 条で以下の職務が定められている。

1　住民の生活状態を必要に応じ適切に把握しておくこと。
2　援助を必要とする者がその有する能力に応じ自立した日常生活を営むことができるように生活に関する相談に応じ，助言その他の援助を行うこと。
3　援助を必要とする者が福祉サービスを適切に利用するために必要な情報の提供その他の援助を行うこと。
4　社会福祉を目的とする事業を経営する者又は社会福祉に関する活動を行う者と密接に連携し，その事業又は活動を支援すること。
5　社会福祉法に定める福祉に関する事務所（以下「福祉事務所」という。）その他の関係行政機関の業務に協力すること。

また，生活福祉資金（低所得者や高齢者，障害者の生活を経済的に支えるとともに，その在宅福祉および社会参加の促進を図ることを目的とした貸付制度）の貸し付けに当たって，対象世帯の調査・実態把握，あっせん等の援助指導および社会福祉協議会への協力等の役割も果たしている。

3.2 児童委員

民生委員は，児童福祉法によって児童委員に充てられたものとされている（児童福祉法第 16 条）。その主な職務は，児童福祉法第 17 条で次のように定められている。

1 児童及び妊産婦につき，その生活及び取り巻く環境の状況を適切に把握しておくこと。
2 児童及び妊産婦につき，その保護，保健その他福祉に関し，サービスを適切に利用するために必要な情報の提供その他の援助及び指導を行うこと。
3 児童及び妊産婦に係る社会福祉を目的とする事業を経営する者又は児童の健やかな育成に関する活動を行う者と密接に連携し，その事業又は活動を支援すること。
4 児童福祉司又は福祉事務所の社会福祉主事の行う職務に協力すること。
5 児童の健やかな育成に関する気運の醸成に努めること。
6 前各号に掲げるもののほか，必要に応じて，児童及び妊産婦の福祉の増進を図るための活動を行うこと。

民生委員（児童委員）の任期は 3 年である。2022（令和 4）年 11 月 30 日に 3 年間の任期が終了し，同年 12 月 1 日に一斉に改選（厚生労働大臣委嘱）された。現在，民生委員（児童委員）数は 240,547 人となっている。

第4節　社会福祉専門職の倫理

社会福祉専門職の条件として，「① 体系的な理論，② 伝達可能な技術，③ 公共の関心と福祉という目的，④ 専門職の組織化，⑤ 倫理綱領，⑥ テストか学歴に基づく社会的承認」の6点をあげることができる[3)]。そして，社会福祉専門職には，専門性はもちろんのことであるが，倫理性が強く求められる。社会福祉専門職として行動する際の行動規範等の職業倫理を倫理綱領にまとめ，倫理綱領を守ることで社会福祉専門職が守るべき基準や価値，目指すべき専門職像を示したものが「倫理綱領」である。わが国におけるソーシャルワーカーの倫理綱領は，1986（昭和61）年に日本ソーシャルワーカー協会によって「ソーシャルワーカーの倫理綱領」が宣言された。その

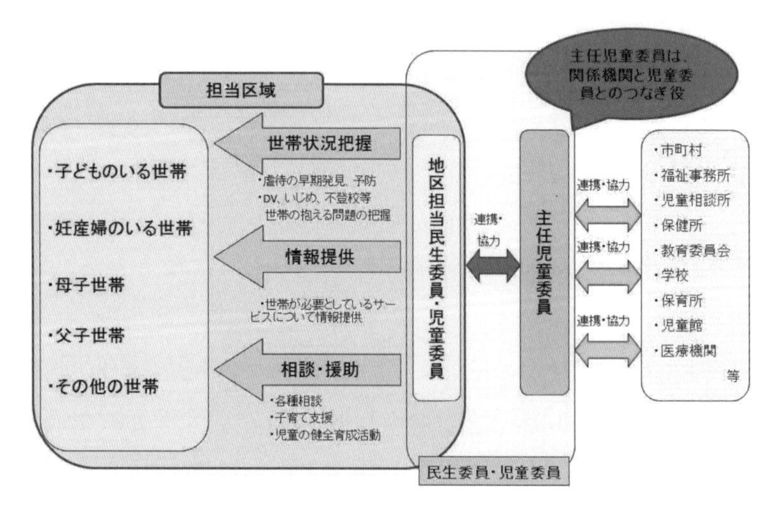

図 10-5　民生委員・児童委員・主任児童委員の活動について

（出典）厚生労働省ホームページ（https://www.mhlw.go.jp/stf/seisakunitsuite/bunya/hukushi_kaigo/seikatsuhogo/minseiin/01.html　2024年5月3日閲覧）

後，1995(平成7)年には，日本社会福祉士会も同会の倫理綱領として採択をしている。

2005(平成17)年には，ソーシャルワーカー専門職4団体(日本ソーシャルワーカー協会，日本医療社会福祉協会，日本社会福祉士会，日本精神保健福祉士協会)が「ソーシャルワーカーの倫理綱領」を策定した。2020(令和2)年には，改定された「ソーシャルワーカーの倫理綱領」が報告され，各社会福祉専門職団体によって承認されている。「ソーシャルワーカーの倫理綱領」は，前文，原理，倫理基準で構成されている。[4)]

(前文)一部抜粋
　われわれソーシャルワーカーは，すべての人が人間としての尊厳を有し，価値ある存在であり，平等であることを深く認識する。われわれは平和を擁護し，社会正義，人権，集団的責任，多様性尊重および全人的存在の原理に則り，人々がつながりを実感できる社会への変革と社会的包摂の実現をめざす専門職であり，多様な人々や組織と協働することを言明する。

(原理)
Ⅰ(人間の尊厳)　ソーシャルワーカーは，すべての人々を，出自，人種，民族，国籍，性別，性自認，性的指向，年齢，身体的精神的状況，宗教的文化的背景，社会的地位，経済状況などの違いにかかわらず，かけがえのない存在として尊重する。
Ⅱ(人権)　ソーシャルワーカーは，すべての人々を生まれながらにして侵すことのできない権利を有する存在であることを認識し，いかなる理由によってもその権利の抑圧・侵害・略奪を容認しない。
Ⅲ(社会正義)　ソーシャルワーカーは，差別，貧困，抑圧，排除，無関心，暴力，環境破壊などの無い，自由，平等，共生に基づく社会正義の実現をめざす。
Ⅳ(集団的責任)　ソーシャルワーカーは，集団の有する力と責任を認識し，人と環境の双方に働きかけて，互恵的な社会の実現に貢献する。
Ⅴ(多様性の尊重)　ソーシャルワーカーは，個人，家族，集団，地域社会に存在する多様性を認識し，それらを尊重する社会の実現をめざす。
Ⅵ(全人的存在)　ソーシャルワーカーは，すべての人々を生物的，心理的，社会的，文化的，スピリチュアルな側面からなる全人的な存在として認識する。

前文では，IFSW(国際ソーシャルワーカー連盟)とIASSW(国際ソーシャルワーク教育学校連盟)が採択した「ソーシャルワーク専門職のグローバル定義」をソーシャルワーク実践の基盤となるものと認識し，またそれを拠り所に実践を展開することに触れられている。そして，原理では，Ⅰ「人間の尊厳」，Ⅱ「人権」，Ⅲ「社会主義」，Ⅳ「集団的責任」，Ⅴ「多様性の尊重」，Ⅵ「全人的存在」の6項目が掲げられている。2020年版では，Ⅰ「人権」，Ⅳ「集団的責任」，Ⅴ「多様性の尊重」，Ⅵ「全人的存在」の4項目が新たに加わっている。この背景には，前述した「ソーシャルワーク専門職のグローバル定義」の影響があると考えられる。

日本社会福祉士会では，日本ソーシャルワーカー連盟の「ソーシャルワーカーの倫理綱領」を社会福祉士の倫理綱領として採択している。また，日本精神保健福祉士協会では，日本ソーシャルワーカー連盟の「ソーシャルワーカーの倫理綱領」と協会独自の「精神保健福祉士の倫理綱領」が存在する。

第5節　他分野の専門職との連携

現在，社会福祉の対象となる人々の支援はますます多様化，複雑化している。問題を解決するためには，対象者の日々の生活を多角的に捉えた上でさまざまなアプローチをすることが必要不可欠になってきている。特に，保健・医療分野の専門職との連携が強く求められる。たとえば，「社会福祉士及び介護福祉士法」では，第47条の（連携）において，以下のように記されている。

> 第47条　社会福祉士は，その業務を行うに当たつては，その担当する者に，福祉サービス及びこれに関連する保健医療サービスその他のサービス（次項において「福祉サービス等」という。）が総合的かつ適切に提供されるよう，地域に即した創意と工夫を行いつつ，福祉サービス関係者等との連携を保たなければならない。
> 2　介護福祉士は，その業務を行うに当たつては，その担当する者に，認知症（介護保険法（平成9年法律第123号）第5条の2第1項に規定する認知症をいう。）であること等の心身の状況その他の状況に応じて，福祉サービス等が総合的かつ適切に提供されるよう，福祉サービス関係者等との連携を保たなければならない。

また，これらの他分野の専門職との連携は，同じ施設（社会福祉施設，病院等）の中で行われる場合と，所属する機関・組織を超えて地域の中で行われる場合がある。前者は，施設や病院の中でのケースカンファレンス（事例検討会）での，医師，看護師，ソーシャルワーカー等での連携場面が代表的なものと考えられる。また，後者は，高齢者や障害者等に対して行われるケアマネジメントによってさまざまな職種が協力・連携しながら支援を行う在宅ケア等が考えられる。

注

1）厚生労働省『令和4年版　厚生労働白書』p.7

2）社会福祉士国家試験の在り方に関する検討会「社会福祉士国家試験の今後の在り方について ～「地域共生社会」の実現を推進するソーシャルワーク専門職の拡充に向けて ～」2022（令和 4）年 1 月 17 日，pp.2-3（https://www.mhlw.go.jp/content/000881634.pdf　2024 年 5 月 3 日閲覧）
3）秋山智久『社会福祉専門職の研究』ミネルヴァ書房，2007 年，p.89
4）特定非営利活動法人日本ソーシャルワーカー協会ホームページ（https://www.jasw.jp/about/rule/　2024 年 5 月 3 日閲覧）

著者紹介

大澤　史伸(おおさわ　しのぶ)
1966 年　東京都出身
1997 年　専修大学大学院文学研究科社会学専攻修了
厚生省(現・厚生労働省)知的障害児施設国立秩父学園(現・国立障害者リハビテーションセンター自立支援局秩父学園)厚生教官を経て，大学教員へ
2010 年 3 月　博士(農学)：酪農学園大学
「知的障害者の就労形態及びその支援に関する研究」(博士論文)
保有資格：社会福祉士，精神保健福祉士，専門社会調査士
現　在　東北学院大学地域総合学部地域コミュニティ学科准教授(社会福祉概論，市民活動論，NPO 論担当)
東北学院大学大学院人間情報学研究科准教授(福祉市民活動論特講)
専修大学緑鳳学会幹事
東京富士大学経営学研究所客員研究員
一般社団法人滋慶教育科学研究所特別研究員
学校法人正則学院・正則高等学校評議員
◆ 研究領域
社会福祉論，非営利組織(NPO)論，市民活動論
◆ 著書
(単著)
『農業分野における知的障害者の雇用促進システムの構築と実践』みらい，2010 年
『福祉サービス論―ボランティア・NPO・CSR』学文社，2014 年
『聖書に学ぶ！人間福祉の実践　現代に問いかけるイエス』日本地域社会研究所，2019 年
『市民活動論　ボランティア・NPO・CSR』学文社，2022 年
(共著)
『反福祉論－新時代のセーフティネットを求めて』ちくま新書，2014 年
論文他多数

楽しく学ぼう
社会福祉の道しるべ

2024年 9 月30日　第 1 版第 1 刷発行

著　者　大　澤　史　伸

発行者　田中　千津子
発行所　株式会社　学 文 社
〒153-0064　東京都目黒区下目黒3-6-1
電話　03（3715）1501 ㈹
FAX　03（3715）2012
https://www.gakubunsha.com

印刷所　新灯印刷

ISBN978-4-7620-3383-4